실행자

실행자

지은이 | 임병선
초판 발행 | 2024. 3. 20
등록번호 | 제1988-000080호
등록된 곳 | 서울특별시 용산구 서빙고로65길 38
발행처 | 사단법인 두란노서원
영업부 | 2078-3352 FAX | 080-749-3705
출판부 | 2078-3331

책값은 뒤표지에 있습니다.
ISBN 978-89-531-4807-9 03230

독자의 의견을 기다립니다.
tpress@duranno.com www.duranno.com

두란노서원은 바울 사도가 3차 전도여행 때 에베소에서 성령 받은 제자들을 따로 세워 하나님의 말씀으로 양육하던 장소입니다. 사도행전 19장 8-20절의 정신에 따라 첫째 목회자를 돕는 사역과 평신도를 훈련시키는 사역, 둘째 세계선교(TIM)와 문서선교(단행본·잡지) 사역, 셋째 예수문화 및 경배와 찬양 사역, 그리고 가정·상담 사역 등을 감당하고 있습니다. 1980년 12월 22일에 창립된 두란노서원은 주님 오실 때까지 이 사역들을 계속할 것입니다.

실행자

실패해도 멈추지 않는 믿음

임병선 지음

두란노

| 목차 |

*1*부
허물어야 짓는다: 무엇으로 충분한가

———— ✳ ————

2부
프로젝트를 시작하라: 익숙함을 벗고 변화로

───── ✳ ─────

3부
사랑하는 만큼 실행한다: 상식을 초월한 영성으로

───── ✳ ─────

저자는 소망을 주는 목회자입니다. 조용한 절망 속에 살아가는 사람들에게 희망을 주는 목회자입니다. 저자는 순수합니다. 신선합니다. 관점이 다릅니다. 생각이 다릅니다. 변화에 민감하게 반응할 줄 압니다. 생각한 것을 과감하게 시도할 줄 아는 리더입니다. 《실행자》는 한국 교회에 새로운 대안을 제시해 주는 보석 같은 책입니다. 그동안 저는 조국 교회와 이민 교회의 문제점은 알겠는데 대안을 찾지 못했습니다. 자주 "문제점은 알겠는데 대안을 모르겠습니다"라고 말했습니다. 그런데 이 책을 통해 대안을 찾았습니다.

제가 이 책을 통해 발견한 대안은 교회 건축이 아닙니다. 제가 발견한 대안은 탁월한 리더십입니다. 위기를 기회로 만드는 리더십, 변화를 창출해 내는 리더십, 섬김을 성숙의 기회로 만드는 리더십입니다. 시대를 읽을 줄 아는 리더십입니다. 기득권을 내려놓는 것이 기쁨이 되게 만드는 리더십입니다. 착한 일을 위해 헌신하는 리더십입니다. 밭에 감추인 보화를 발견한 후에 모든 것을 팔아 밭을 산 사람을 닮은 리더십입니다. 거룩한 소명을 위해 올인할 줄 아는 리더십입니다.

제가 이 책을 통해 발견한 대안은 사랑입니다. 생명 사랑입니다. 영혼 사랑입니다. 하나님 사랑입니다. 또한 아름다운 헌신입니다. 한 사람, 한 교회의 영향력입니다. 핵심 가치를 위해 엄청난 값을 지불할 줄 아는 성스러운 모험입니다. 세상 문화와 경쟁하는 거룩한 용기입니다.

변화를 원하면서도 변화를 싫어하는 것이 교회입니다. 그런데 50년 된 교회가 놀라운 변화를 이루어 냈습니다. 세상 속으로 과감하게 들어가는 교회, 어린이들이 찾아오게 만드는 교회로 새롭게 태어났습니다. 어린아이들과 청소년들과 청년들과 어른들과 소외되고 가난한 사람을 섬기는 교회로 새롭게 태어났습니다.

이 책은 자살 충동에 빠진 청년들을 품고 치료하는 교회 이야기입니다. 공과금을 내지 못하는 사람들의 공과금을 대납해 주는 교회 이야기입니다. 고난을 선택하는 성도를 키우는 교회 이야기입니다. 손해를 기꺼이 감수하는 성도를 키우는 교회 이야기입니다. 영혼 사랑 때문에 자원해서 상처 받기를 원하는 성도를 키우는 교회 이야기입니다. 하나님의 꿈을 꾸고, 그 꿈을 실현하는 교회 이야기입니다. 선교적 교회의 모범이 되는 교회 이야기입니다. 골리앗에게 도전한 다윗처럼, 급변하는 세상에 도전하기를 원하는 목회자들과 성도들에게 이 책을 강력하게 추천합니다.

강준민 새생명비전교회 담임목사

이 책을 읽으면서 가슴이 뜨거웠습니다. 전통적인 교회에 부임한 저자가 성경적 바탕 위에서 교회를 역동적으로 바꾸어 간 스토리를 생생하게 소개하고 있기 때문입니다. 성도를 평가하지 않고 사랑으로 품은 이야기, 무엇보다 예배가 살아 수많은 시민을 구원한 이야기, 교회를 건축하면서 대학생들에게 교회 건축 프로젝트를 공모하여 지역 주민을 위한 주중, 주일 복합 공간 건축의 아이디어를 얻고 당선작에 장학금을 준 이야기, 교인들을 설득하여 부서 점용 공간을 없애고 시민을 위한 공간, 즉 북카페, 청춘 개러지, 풋살장, 트램펄린 놀이방, PC방, 편의점 등을 만들어 전도의 접촉점을 만든 이야기, 어린이날 행사 '글로리에서 놀자'를 통해 수많은 다음 세대와 젊은 엄마, 아빠가 주님께 나아온 이야기, 지도자 중심의 교회 역사관이 아니라, 모든 성도의 일대기와 약력, 후손들에게 남기고 싶은 영상으로 구성된 디지털 역사관 이야기, 용인을 넘어 저 머나먼 아프리카 땅에 유치원과 초등학교를 교복 회사인 아이비클럽과 용인제일교회가 함께 세운 아이비제일학교의 이야기, 대한민국 CCM과 교회 문화를 이끄는 제이어스(J-US) 김준영 대표를 세워 준 이야기 등, 실로 이 책은 한 목회자가 하나님께서 주시는 영감으로 얼마나 창의적이고 변혁적이며 광범위한 목회를 할 수 있는가를 보여 주는 보고(寶庫)와 같습니다. 그러므로 모든 목회자와 목회자 후보생 그리고 담임목사님을 도와 건강한 교회를 세우기 원하는 장로님과 성도님들이 반드시 읽어야 할 책입니다.

박성규 총신대학교 총장

《실행자》는 우리에게 변화하는 시대와 문화 속에서 변하지 않는 복음을 지역 교회가 어떻게 효과적으로 담아낼 수 있는지에 대한 구체적인 도전과 열매의 이야기를 들려줍니다. 그 이야기들은 쉽고 창의적이고 실제적이어서, 복음과 말씀을 동시대의 언어로 전달하고자 하는 모든 사람에게 많은 도전과 인사이트를 제공합니다. 또한 사회적으로 지탄받고 다음 세대를 잃어 가고 있는 시대 속에서 어떻게 교회가 본질을 잃지 않으면서도 매력적으로 지역 사회 가운데로 들어갈 수 있는지에 관한 명쾌한 대안을 제시합니다. '교회의 위기는 언제나 존재했지만, 진짜 위기는 그것을 극복하려는 몸부림과 도전이 사라지는 것'이라는 저자의 말처럼, 임병선 담임목사님과 용인제일교회의 이야기는 우리에게 큰 도전을 줍니다. 또한 저자 특유의 솔직 담백함으로 어렵게 보이는 신앙적 고민들에 대해 쉽고 실행 가능한 답을 발견할 수 있습니다. 예수님과 교회를 사랑하는 문화 사역자로서, 다음 세대에게 자랑할 수 있는 책이 발간된 것을 진심으로 기쁘게 생각합니다. 교회가 폐쇄적이며 배려가 없다고 말하는 모든 사람에게 우리는 이 책의 이야기를 자랑스럽게 소개할 수 있습니다.

김준영 제이어스 미니스트리 대표

좋은 건축은 특별한 만남을 통해 이루어진다. 시대정신인 '지역 사회에 열림과 공유'라는 목회 철학을 가진 임병선 목사님과 숲을 배경으로 한 땅과의 만남으로 프로젝트는 시작되었다. 목사님은 건축과 프로그램을 통해 교회가 세상의 문화와 경쟁하며 모든 세대 및 지역 주민이 함께 어울릴 수 있는 살아 숨 쉬는 공간과 장소를 생각하셨고, 그것은 내가 하고자 하는 건축의 결과 닮아 있었다. 용인제일교회는 모두의 협업으로 이루어진 교회 건축이다. 설계 건축가, 문화 사역자, 교수, 학생, 건축가, 담임목사, 교인에 이르기까지 다양한 상상과 아이디어로 사람의 삶과 공간을 담아냈다. 익숙한 것을 벗고, 미래를 위한 비전과 지역 사회를 섬기는 도전과 변화로 시작된 건축은 교인을 기쁘게 하고, 지역 주민을 행복하게 하고, 도시를 아름답게 하고 있다. 용인제일교회는 한국 교회 건축의 새로운 패러다임이면서 문화를 생산하는 커뮤니티 복합체로 역사에 기억될 것이다.

임성필 집 파트너스 건축사사무소 대표

내가 가까이에서 경험한 목사님은 막힌 문제를 해결하는 해결사요, 결코 멈추지 않고 달리는 기관차 같은 분이었다. 그런 목사님이 이 시대의 교회에게 던지는 메시지는 무엇일까? 우회보다는 돌파가 어울리는 목사님답게 책도 묵직하고 거침이 없다. 답답할 때 마시는 사이다처럼 개운하고, 어려워 보이는 가구의 조립 설명서처럼 방향을 제시한다. 또한 사역과 교회 건축 등의 일들을 통과하며 겪은 우여곡절을 통해 재미와 위로도 선사한다. 세상 속에서 욕먹는 교회가 안타까운 사람들, 교회를 다니지만 뭔가 답답했던 사람들, 시대에 발맞춰 교회에 변화를 선도하고 싶은 사람들 모두 이 책을 읽고 개운함을 맛보기를 추천한다. 또 목사님이 책에서 하신 말처럼 이 책이 그리스도인에게 참견해 변화를 일으키고 세상의 잘못된 흐름에 저항하는 힘이 되기를 소망한다.

정지영 동화 작가, 하품스튜디오 문화 사역자

갈급하고 가난한 심령으로 용인제일교회 글로리센터 예배당에 들어서는 순간, 강하게 역사하시는 성령님의 감동과 위로하심을 느낄 수 있었습니다. 잃어버렸던 예배와 찬양의 기쁨을 회복할 수 있었고, 말씀을 통해 다시금 주님이 주신 소망과 사명의 확신을 갖고 일어설 수 있었습니다. 하나님 나라를 위하여 복음에 참여하고자 하는 많은 사람이 이 책을 통해 저처럼 은혜 받고 자신의 믿음의 담장을 넘어 열방을 품에 안고 도전하기를 소망합니다.

최한나 용인제일교회 새가족

코로나로 인해 예배의 자리를 오랫동안 떠나 있던 2022년 5월, 지역 맘 카페와 아파트 단체 카톡방을 통해 집 근처 교회에서 어린이날 행사가 열린다는 소식을 들었습니다. 교회에서 하는 행사라고 해서 사실 큰 기대 없이 방문했는데, 저희 생각과는 달리 용인제일교회의 '글로리에서 놀자'는 그야말로 아이들을 위한 천국이었습니다. 행복해하는 아이들을 보며 괜히 제 마음이 뿌듯했고, 교회에서 지역 사회를 위해 이런 행사를 오픈한다는 것에 크게 놀랐으며, 교회에 대한 저의 선입견이 바뀌는 시간이 되었습니다. 그렇게 처음 만난 용인제일교회에 등록한 저희 가족은 지금까지 행복하게 신앙생활을 하고 있습니다. 자랑스러운 우리 교회를 소개하는 책이 세상에 나오게 되어 기쁩니다. 이 책이 많은 교회에 도전과 희망이 되기를 기도합니다.

한인영 용인제일교회 성도

나는 위기라는 말을 별로 좋아하지 않는다. 짧은 반세기를 살아왔지만, 어느 한순간도 한국 사회는 위기 아닌 적이 없었고, 한국 교회는 늘 위태로워 보였다. 하지만 그 속에서 누군가는 끊임없이 돌파구를 마련했고, 어떤 이들은 대안을 찾으려 몸부림쳐 왔다. 역사는 그런 도전과 몸부림을 통해 발전해 왔다.

지금 한국 교회의 위기를 많은 이들은 상황과 현실로 이야기한다. 많은 교회의 주일학교가 사라지고, 청소년, 청년들이 교회를 떠나고, 사회 속에서 배척 받는 교회의 현실을 바라보며 한국 교회의 위기를 말한다. 하지만 지금 한국 교회의 위기는 상황과 현실의 문제가 아니다. 상황과 현실의 위기는 어느 시기나 존재했다. 진짜 위기는 그 상황과 현실을 돌파하려는 도전과 몸부림이 한국 교회에서 점점 사라져 가고 있다는 것이다. 어느 순간부터 교회는 하던 대로 하는 것이 편한 구조, 익숙한 공동체가 되어 버렸다.

이 책은 한국 교회와 성도들에게 정답을 알려 주려고 쓴 것이 아니다. 이 책은 한국 교회의 위기 극복을 위해 교회와 성도, 지역 사회를 위해 했던 한 목회자의 몸부림 그리고 그 위기 안에 있는 한 지역 교회가 했던 도전의 기록들이다. 그 도전과 몸부림은 예수 그리스도의 몸 된 교회를 온전히 세우며 참 생명과 멀어져 가고 있는 영혼을 살리기 위한 것이었고, 그것은 지금도 계속되고 있다.

그 일에 있어 우리 교회와 나는 결코 실패를 두려워하지 않기로 했다. 왜냐하면 한 교회, 한 성도가 어떻게든 교회를 세우고 영혼을 살리겠다고 하는 이 도전과 몸부림의 결과가 인간의 눈으로 보기에는 실패일지라도, 하나님은 그 실패를 비난하거나 정죄하는 분이 아니라, 그 실패를 통해 새로운 역사와 길을 만들어 가는 분이심을 우리 모두가 믿기 때문이다.

만일 나와 우리 교회가 하는 지금의 이 도전이 실패일지라도, 이 실패를 딛고 어느 누군가가 새로운 시도를 하거나 어느 한 교회가 더 나은 길을 열어 간다면, 그것으로 우리의 도전은 하나님 나라의 역사 속에 의미 있는 걸음이 될 것이다. 부디 이 책이 한국 교회와 성도들이 하던 대로의 삶과 신앙생활을 탈피하고 이 시대에 하나님이 원하시는 각자의 사명을 향해 끊임없이 도전하고 몸부림치는 계기가 될 수 있기를 소망한다.

이 책은 용인제일교회라는 현장이 없었으면 결코 쓰일 수 없었다. 좌충우돌 부족한 종을 끝까지 믿고 하나님께 받은 사명을 교회를 통해 마음껏 펼쳐 갈 수 있도록 동역하고 사랑해 준 우리 용인제일교회 장로님들, 교역자 분들 그리고 성도님들 한 분, 한 분께 감사를 드리며 "사랑합니다"라는 말을 꼭 전하고 싶다. 또한 그렇게 몸부림치느라 중요한 시간에 함께하지 못한 남편의 빈자리, 아빠의 빈자리를 잘 견뎌 주고 지금도 여전히 지지해 주는 나의 사랑하는 아내 김혜연, 두 딸 미래, 새린에게 감사와 사랑의 말을 전하며 이 출간의 기쁨을 함께하고 싶다.

2024년 3월
임병선

1부

허물어야 짓는다 : _____

무엇으로 충분한가

1.

미국에서 받아 든
진동벨

인간은 연약하다. 자신이 연약하다는 것을 아는 자만이 하나님의 은혜를 찾고, 하나님의 능력을 구한다. 자신이 참 괜찮다고 느끼는 사람은 그 사람 자체가 괜찮다기보다, 그가 처한 상황과 현실이 괜찮은 경우가 많다. 그런데 인간은 이 둘을 자주 혼동한다. 거기서 인간의 교만이 발동된다. 그래서 하나님은 우리에게 고난을 허용하신다.

 미국 유학 생활은 나에게 참 힘든 시간이었다. 토플 점수만 간신히 넘겨 입학 허가를 받고 들어간 학교에서의 신학 석사 (Th.M.) 공부는 일단 언어가 되지 않아 엄청난 학업 스트레스를 가져다주었다. 게다가 경제적 여건이 너무나 어려웠다. 비행기 값과 한 학기 학비, 자동차 구입으로 거의 모든 돈을 써 버린 까닭에 미국에 온 지 한 달 만에 은행 잔고가 바닥을 보였다. 상황이 이렇다 보니 일을 하지 않을 수 없었다. 낮에는 수업을 마친 후에 학교 기숙사 청소 일을 했고, 밤에는 흑인을 상대로 금니를 마우스피스처럼 끼우는 그릴즈(grillz) 가게에서 파트타임으로 일했다. 그 모든 일을 마치고 집에 들어오면 쌓여 있는 과제와 퀴즈, 시험 준비 때문에 밤잠을 설쳐야 했다. 게다가 경제적인 이유로 급하게 구한 사역지는 매 주일 영어로 설교를 해야 하는 한인 교회 청소년(Youth) 부서였다. 매 주일 1.5세, 2세 아이들 앞에서 영어 초짜인 내가 영어로 설교를 한다는 것은 마치 우리나라에 온 동남아시아나 아프리카 신학생이 어색한 한국 말투로 성도들 앞에서 말씀을 전하는 꼴이었다.

문제는 그뿐만이 아니었다. 한국에서 공립학교 교사의 일을 휴직하고 미국까지 따라온 아내와 돌도 지나지 않은 어린 딸과 함께 미국 생활을 시작했는데, 그곳에서의 가족 관계 역시 쉽지 않았다. 나만 믿고 미국까지 따라왔는데, 나는 아침 일찍 나갔다가 밤늦게 들어오고, 아는 사람이라고는 한 명도 없을뿐더러, 차가 없으면 아무 데도 갈 수 없어 하루 종일 집 안에 갇혀 지내야 했다. 게다가 습진으로 피부에 진물이 나 고통스러워하는 아이를 아내 혼자 돌본다는 것은 쉽지 않은 일이었다. 그런 현실 속에서 서로의 힘듦만을 내세우는 부부의 대화는 갈등의 골을 더 깊어 가게 만들었다.

낯선 땅에서 번 아웃

하지만 이런 여러 가지 문제보다 더 근본적인 문제가 내 삶에 찾아왔다. 학업 스트레스, 과도한 일, 경제적 어려움, 부부 갈등, 자녀의 질병보다 더 큰 문제는 바로 나의 영적 문제였다. 과도한 일과 학업이라는 핑계로 목사라는 사람이 새벽 기도는 커녕 개인 경건 시간을 전혀 갖지 못했고, 성경은 수업을 위해 읽는 것이 고작이었다. 또한 영어로 설교를 해야 한다는 부담이 목사인 내 삶을 짓눌렀다. 목사임에도 교회에 가기가 싫었고, 심지어 교회가 두려웠다. 교회가 두려운 목사, 교회에 가기 싫은 목사, 이것은 내 영적 생활을 바닥이 아니라, 바닥을 뚫고 지하로 이끌었다.

아내도 첫째를 낳아 키우면서 처음으로 자모실에서 예배를 드리게 되었다. 자모실에서 예배를 드려 본 사람은 알 것이다. 여기저기서 울어 대는 아이들과 함께 드리는 예배는 정상적인 예배가 될 수 없고, 다만 예배를 드렸다는 자체 만족으로 끝나는 경우가 많다. 이처럼 나와 우리 가족의 영적 상태는 바닥을 향해 가고 있었고, 우리 가정은 점점 지쳐 가고 있었다. 내 삶의 모든 것은 엉망이 되었고, 가족의 관계는 꼬여만 갔으며, 삶의 문제에서 쉽게 해결되는 것은 하나도 없었다. 아무리 이런 문제들이 있다 하더라도 내 안에 영적인 충만함이 있다면 그것을 견디고 풀어 낼 힘이 있었을 텐데, 나의 영적 상태는 바닥이었고, 삶의 돌파구를 찾을 수 없을 정도로 나의 유학 생활은 모든 것이 꽉 막혀 있었다.

그런 상황 속에서 다시 주일은 찾아왔고, 목회자 가정인 우리는 교회를 가야만 했다. 그때 이런 생각이 들었다. 미국에 와서 미국 교회를 제대로 보지 못했다는 안타까움이었다. 어떤 목회자들은 교회 탐방을 위해 한국에서 비행기를 타고 미국까지 오는데, 정작 미국에 사는 나는 미국 교회를 전혀 모른다는 생각이 들었다. 그날따라 어떤 마음이었는지, 내가 섬기던 한인 교회는 미국 교회를 빌려 오후에 예배를 드렸기에, 오전에는 미국 교회에 가서 예배를 드리고, 오후에는 사역하는 교회로 가자는 생각을 하게 되었다. 그래서 우리 가족은 댈러스(Dallas, Tx)에서 유명한 교회 중 하나인 펠로우십교회(Fellowship Church)를 방문해서 예배를 드렸다. 고속도로를 한 시간 정도 타고 댈러스에 있는 펠로우십교회에 도착했는데, 미국 교회가 쇠퇴하고 있다는 말이 무색할 정도로 그 교회는 큰 주차장이 자동차들로 빼곡했고, 수많은 사람이 모여들고 있었다.

목회관이 뒤집어지다

나와 우리 가족은 주차장에 차를 세우고 교회 로비 안으로 들어갔다. 처음 방문한 교회라 낯설기도 하고, 어디로 가서 예배를 드려야 할지 모르는 상황에서 안내 위원이 아이를 안고 있는 우리를 향해 다가왔다. 그러면서 물었다. "무엇을 도와드릴까요?" 그래서 나는 예배 장소를 찾고 있다고 답했고, 그는 친절하게 예배 장소를 안내해 주었다. 그러면서 덧붙이기를, 내가 안고 있는 아이를 맡길 것인지를 물었다. 그때만 해도 이런 교회 시스템을 본 적이 없고, 영어 실력도 짧았기에 처음에는 그가 하는 이야기를 제대로 알아들을 수 없었다. 하지만 몇 번의 오고 가는 대화 가운데 그의 말을 이해할 수 있었다.

펠로우십교회에는 아이를 맡아서 돌봐 주는 시설과 봉사자들이 있는데, 그들에게 아이를 맡기면 아이 손목에 팔찌를 채우고, 부모에게는 카페에서 나눠 주는 것과 같은 진동벨을 주었다. 그리고 예배드리는 중간에 아이가 심하게 울거나 아이에게 문제가 생기면 그 진동벨이 울려 부모가 안내 데스크로 가서 아이를 케어할 수 있는 시스템을 갖추고 있었다. 안내 위원은 우리에게 그 시스템을 이용할 것인지를 물은 것이었다. 우리는 돌도 안 된 딸을 그들에게 맡기고 진동벨을 받아들었다.

미국에 와서 처음으로 아이 없이 예배를 드리는 순간이었다.

예배당에 들어가자마자 아내와 나는 울기 시작했다. 아이 없이 예배에 집중할 수 있다는 생각만으로도 기쁘고 좋았다. 찬양 팀의 찬양을 듣고 따라 부르기 시작하는데, 미국에 와서 드리는 예배의 기쁨, 자유, 은혜를 처음으로 경험하는 순간이었다. 기도를 하는데, 미국에 와서 하나님을 떠난 나의 잘못된 삶, 본질을 놓쳐 버린 나의 모습에 대해 처절한 회개가 나왔고, 눈물이 그치지 않았다.

그렇게 예배를 마치고 맡긴 아이를 찾은 후에 펠로우십교회 곳곳을 돌아보았다. 그 교회는 단지 예배를 드리는 공간만이 아니었다. 아이들이 예배에 집중하고, 또 어른들이 좀 더 깊은 예배 안으로 들어갈 수 있는 여건과 환경이 갖추어져 있었다. 아이들이 말씀의 내용을 더 깊게 이해할 수 있도록 인테리어 자체가 말씀 주제로 되어 있었고, 교회 주변에 있는 묵상의 장소, 교제의 장소, 장애인, 노인, 아이를 키우는 부모에 대한 다양한 지원들을 보면서 성도들이 더 깊은 예배의 자리로 들어갈 수 있도록 돕는 교회의 배려를 볼 수 있었다.

펠로우십교회에서 드린 그 예배는 내가 그때까지 사역해 온 목회관과 내가 그때까지 갖고 있던 교회관을 뒤집어 놓았다. 미국 생활을 통해 이전에는 알지 못했던 성도들이 삶 속에서 느끼는 문제들을 몸과 마음으로 직접 경험할 수 있었다. 그들은 삶의 모든 문제를 안고 교회 안으로, 예배 안으로 들어간다.

교회가 답을 주기를 바라며, 예배가 그들을 일으키기를 소망하며 예배의 자리로 나아간다. 그러나 그 예배의 자리로 온전히 들어가지 못하게 하는 방해 요소들이 있다. 그리고 그 예배에 집중하지 못하게 하는 여건들이 있다. 교회와 교회의 리더들은 그들이 예배에 더 집중할 수 있도록, 예배에 더 깊이 들어갈 수 있도록 여건과 환경을 만듦에 있어서 더 세심해져야 함을 펠로우십교회를 통해 깨달을 수 있었다.

무엇이 바뀌어야 하나

우리는 어떻게 하면 더 좋은 예배를 만들 수 있는지에만 관심을 갖는다. 하지만 아무리 좋은 예배를 만들었어도 성도들이 그 예배 안으로 들어갈 수 있는 여건과 상황이 되지 않는다면 성도들은 좋은 예배에 집중할 수 없고, 예배 안으로 온전히 들어갈 수 없게 된다. 특별히 한국 교회의 연령층이 높아지는 현실 속에서 교회의 환경과 예배가 너무 윗세대, 특별히 고령층에 최적화되어 있다. 그러면서 한국 교회는 다음 세대를 이야기하고 미래를 이야기한다. 나는 다음 세대가 교회 안에서 온전히 세워지기 위해서는 신앙의 암흑기가 될 수 있는 신혼부부 시절부터 시작해서 자녀가 영아부, 유치부에 들어갈 때까지의 그 세대들을 위한 배려, 여건들을 마련해야 한다는 생각을 하게 되었다. 나도 청년 사역을 했지만, 교회 생활을 열심히 했던 청년들도 결혼하고 아이를 낳으면서 삶과 육아, 일, 부부 관계에 치이다 보면 어느 순간 교회를 떠나는 모습을 많이 보게 된다. 그 세대가 떠날 때, 교회는 젊은 세대뿐만 아니라 다음 세대까지 잃게 되고 만다.

교회가 다음 세대, 미래를 논하기 위해서는 그 세대가 교회 안으로, 예배 안으로 더 온전히 그리고 편하게 들어갈 수 있는 여건을 만들어 주어야 한다. 그래서 삶과 가정, 일에 지친 그들이 예배를 통해 온전히 회복될 수 있도록 해야 한다. 물론 교회와 교회의 리더들은 그 세대뿐만 아니라 교회의 전 세대가 예배 안으로 온전히 들어갈 수 있는 여건과 배려들을 더 세심하게, 더 구체적인 행동으로 만들어 가야 하지만, 교회의 미래를 말하고 다음 세대를 강조할 때 이 부분에 대한 심각한 고민을 해 보아야 한다. 이런 면에서 나의 미국 생활과 펠로우십교회에서의 예배는 나에게 목회의 변곡점을 가져다준 사건이었고, 한국 교회 안에서 정말 우리가 집중해야 할 세대가 어디인지를 깨닫게 된 계기가 되었다.

천편일률적인 한국 교회의 예배 환경에서 벗어나 좀 더 획기적이고 도전적인, 각 세대에 맞는 예배 환경과 여건들을 우리는 어떤 관점에서 바라보며 그것을 위해 어떤 고민을 하고 있는가? 한국 교회가 위기라고 말하고 다음 세대가 떠난다고 하는 이때, 우리는 심각하게 고려하고 고민해야 할 지점에 서 있다.

2.
어둠을 뚫고

그리스도인의 문제를 지적하는 여러 표현이 있다. '입만 살아 있는 사람들.' '선데이 크리스천.' '말 따로, 삶 따로.' 이런 표현들은 교회를 다니지 않는 사람들이 그리스도인들을 향해 하는 말이기도 하지만, 그리스도인 사이에서도, 목회자의 설교 속에서도 많이 들리는 이야기다. 이런 비하의 말들 근저에는 그리스도인의 생각과 행동, 말과 삶이 분리되어 있고, 비그리스도인들과 전혀 다른 행동을 보이기는커녕 그리스도인다운 삶을 살고 있지 않다는 문제의식이 자리하고 있다. 많은 그리스도인이 이 세상 속에서 그런 삶의 모습을 보이기 때문에 이런 이야기들이 우리 주변에서 많이 회자되는 것이다.

심각하지 않고 심플하게

그렇다면 그리스도인들은 왜 그런 삶을 살아가고 있는 것일까? 물론 거기에는 여러 가지 이유와 개인적이며 복합적인 원인이 있을 것이다. 하지만 나는 그 원인들 중에 하나가 그리스도인이 신앙의 삶을 너무 심각하게 바라보고 거기에 너무 큰 부담감을 갖기 때문이라는 생각이 든다. 인간은 대개 앞에 있는 문제가 너무 심각하다 여겨지면 생각이 복잡해지면서 행동하기를 주저하는 경향이 있다. 마찬가지로 우리가 신앙을 너무 심각하게 여기고 바라보다 보니 생각이 복잡해지면서 무엇인가를 할 엄두가 나지 않는 것이다. 이것이 우리의 신앙생활을 '생각 따로 삶 따로', '말 따로 행동 따로'로 이어지게 만드는 것이 아닐까 하는 엉뚱한 발상을 해 본다.

예를 들면 이런 것이다. 교회를 적당히 다니면서 말씀을 듣는 본인을 그리스도인이라고 여기는 사람의 대부분은 안다. 우리는 삶에서 좁은 길, 십자가의 길을 선택하고 가야 한다는 것을 말이다. 듣기만 해도 심각한 이야기다. 그러니 생각이 복잡해진다. 생각이 복잡하니 무엇을 해야 할지도 모르겠고, 무엇인가 대단한 일부터 해야 할 것 같은 착각이 든다. 그런데 그것이 우리의 신앙적 행동을 주저하게 만든다.

예전에 한 다큐멘터리 프로그램에서 산악자전거 동호회 사람들을 다루는 방송을 본 적이 있다. 산악자전거 타는 것을 좋아하는 사람들이 모여서 어떤 경로를 택해 라이딩을 하는데, 그러기 위해서는 험한 산길을 자전거를 끌고 올라가야 했다. 각자의 자전거를 끌고, 들고, 타고 산길을 오르더니만, 힘들게 올라간 그 산길을 굳이 자전거를 타고 다시 내려온다. 산길이라 잘 닦인 길도 아니었고, 돌도 많고, 웅덩이와 나무 그루터기도 있었다. 어떤 이들은 자전거를 타고 내려오면서 돌에 걸려 넘어지기도 하고, 웅덩이에 있는 물 때문에 옷이 다 더럽혀지기도 하고, 심지어는 다치기도 했다. 그런데 산을 다 내려온 후에 동호회 회원들이 뭐라고 했는지 아는가? "오늘 너무 익사이팅했어요." "오늘 너무 재미있었어요." "오늘 너무 색다른 경험이었어요." 그 사람들을 보면서 이런 생각을 했다. '왜 그런 고생을 자기 돈과 시간을 들여서 하는 것일까? 아니, 그 힘든 일을 굳이 왜 찾아서 하는 것일까? 다치고 더럽혀지고 아픈데 뭐가 그리 즐겁다는 것일까?'

그리스도인이 가야 하는 좁은 길, 십자가의 길을 생각해 본다. 우리는 그 길을 너무 심각하게, 복잡하고 어렵게 생각한다. 그러니 그 길에 들어설 엄두가 안 난다. 그래서 아무 행동도 하지 못한다. 사실 좁은 길, 십자가의 길은 심각한 길이 아니다. 그렇다고 쉽다는 거짓말은 더더욱 하고 싶지 않다. 하지만 그리 어려운 길은 아니다. 왜 그런가? 우리는 그 길로 가는 것을 좋아서 선택했기 때문이다. 그래서 오히려 재미있는 길, 익사이팅한 길, 색다른 경험을 할 수 있는 길일 수 있다. 우리는 예수님을 좋아하고, 그래서 예수님이 가신 길을 가고 싶기 때문이다.

신앙을 너무 복잡하게, 너무 심각하게만 생각하지 말자. 우리는 어려운 길을 선택한 것이 아니라, 좋아하는 길을 선택한 것이다. 그래서 어려움이 익사이팅이 되고, 힘듦이 감동이 되고, 아픔이 또 다른 매력이 될 수도 있다. 그 매력에 빠지게 된다면, 그 기쁨을 알게 된다면, 우리는 예수님이 말씀하시는 조금 더 희생하고 조금 더 사랑하는 것을 즐겨 행동하는 신앙인으로 변화될 수 있지 않을까 생각해 본다.

추상적이 아니라 구체적으로

또한 목회자들이 많이 사용하고, 교회에서 자주 인용하는 추상적 단어가 그리스도인의 말과 행동을 분리하게 만드는 것같다. 교회에서 자주 하는 말이 무엇인가? 믿음, 사랑, 소망, 헌신, 섬김…. 이 모든 것이 다 추상적이다. 신앙생활은 이 추상적 단어들을 구체화시켜 실천하는 것이다. 그러나 이 단절이 우리가 말과 삶을 분리하게 만드는 한 원인으로 작동한다.

결혼식 주례를 할 때면 나는 항상 신랑, 신부에게 묻는다. "신랑! 신부 사랑하세요?" 그러면 목이 터져라 "네" 하고 대답한다. 신부에게 묻는다. "신부! 신랑 사랑하세요?" 그러면 신부는 수줍은 듯 "네"라고 답한다. 그렇게 대답한 신랑, 신부에게 또 묻는다. "그렇다면 두 사람, 사랑이 뭘까요?" 그러면 대부분의 신랑, 신부는 당황스러워하며 묵묵부답이 된다. 우리는 사랑한다고 하지만, 막상 그 사랑이 무엇인지를 물으면 어떻게 대답해야 할지 몰라 주저하곤 한다. 그때 나는 이렇게 바꿔서 신랑, 신부에게 묻는다. "결혼식 마치고 너무 피곤한 채로 호텔에 가서 둘 다 침대에 뻗어 누웠어요. 그러면 불은 누가 꺼야 될까요?" 그러면 그날은 결혼식 날이니까 서로 끄겠다고 한다. 그러면 나는 속으로 생각한다. '결혼해서 한번 살아 봐라.' 또 신랑, 신부에게 묻는다. "맞벌이예요. 하루 종일 둘 다 일하고 피곤해요. 그런데 집에 오면 밥을 먹어야 되잖아요. 그러면 밥은 누가 차려야 될까요?" 그날은 결혼식 날이기에 서로 차리겠다고 한다. 그러면 또 나는 속으로 생각한다. '어디 결혼해서 살아 봐라.' 그때 나는 신랑, 신부에게 구체적으로 사랑이 무엇인지를 알려 준다. "사랑하는 사람을 위해 한 발 더 움직이는 것이 사랑입니다."

나는 결혼 전까지만 해도 고린도전서 13장, 사랑 장에서 "사랑은"에 이어서 "오래 참고"가 나오는 것이 잘 이해되지 않았다. 그런데 결혼하고 나니 너무도 맞는 말임을 알았다. 사랑은 정말 오래 참는 것이 제일이고 중요하다는 것을 말이다. 하나님은 절대 우리를 추상적인 말로 가두지 않으신다. 오히려 삶에 구체적으로 다가와 주신다. 그런데 교회에는 너무나도 추상적인 말들이 난무하다. 지금 한국 교회의 위기는, 현란한 말은 많지만 무엇인가를 해 보려는 도전, 말씀 하나라도 살아 내려는 구체적 실천의 부재라 여겨진다. 하나님의 말씀을 추상적 단어에 가두지 않고 구체적 실천으로 전환해 가는 것, 그것이 한국 교회에 꼭 필요한 시점이 아닌가 생각한다.

3.
기득권을 버리고

기득권은 다른 말로 텃세라고도 하는데, 이 텃세는 사람과 사람 사이를 단절시키고, 새로운 사람이나 새로운 것들을 수용하지 못하게 만든다. 그래서 결국 기득권은 공동체의 건강한 성장을 저해한다.

결혼식 주례를 하면서 말씀을 전할 때면 신랑, 신부에게 이런 말을 한다. "신랑, 신부, 결혼이 처음이라 떨리죠? 많이 떨릴 거예요. 그런데 이 떨리고 설레는 마음을 잘 간직하세요. 그리고 이 마음을 놓치지 마세요. 나중에 서로 익숙하다고, 편하다고 막 대하지 말고 이 떨리는 마음, 설레는 마음을 잘 간직해서 끝까지 행복하게 사세요."

익숙함 버리기

익숙함이 좋을 때가 있다. 그런데 그 익숙함이 지나쳐 기득권이 되고, 그것이 텃세로 작용하면, 관계가 깨지는 것은 물론, 그 안의 생명력을 잃어버리게 된다. 그러면 그 공동체는 건강함이 사라지고, 무너지게 된다. 빌립보서 2장 2 - 3절에 이런 구절이 있다.

> "마음을 같이하여 같은 사랑을 가지고 뜻을 합하며 한마음을 품어 아무 일에든지 다툼이나 허영으로 하지 말고 오직 겸손한 마음으로 각각 자기보다 남을 낫게 여기고."

마음을 같이하여 같은 사랑을 가지고 뜻을 합하여 한마음을 품는 것, 참 좋은 말이다. 하지만 이게 말이 쉽지, 현실로 오면 또 이것처럼 힘든 것이 없다. 예를 들어, 여전도회, 남전도회가 모여서 이런 회의를 한다고 상상해 보라. 회의하면서 언제 같이 모여서 식사 한번 하자고 분위기 좋게 결정한다. 그러면 다 좋을 것 같지만, 그 밥 먹자는 결정 다음부터가 문제일 수 있다. 메뉴를 결정하는 것부터 그렇다. 누군가는 많이 모인 회비로 좋은 것을 먹자고 하고, 누군가는 교회와 성도를 위해 쓰자고 모은 회비니 간단히 먹자고 한다. 또 누군가는 고기를 먹자고 하고, 누군가는 건강을 생각해서 채소를 먹자고 한다. 이렇게 메뉴부터 시작해서 장소, 시간을 정하는 것까지 마음을 같이하여 같은 사랑을 가지고 뜻을 합하여 한마음을 품는 것이 얼마나 어려운지 모른다.

하지만 교회는 반드시 그래야 한다. 그런데 현실에서는 쉽지 않다. 다들 자기 좋은 것, 자기주장, 자기 권리를 내세운다. 사실은 별것이 아닌데, 거기서 자기 뜻이 관철되지 않으면 상처받고, 섭섭해 하고, 미워한다. 그러다가 다툼이 생기고, 논쟁이 벌어지고, 결국에는 목소리 큰 사람이 이기게 된다.

그런데 여기서 목소리 큰 사람이 이긴다는 것은 실제로 목소리가 큰 사람이 이긴다는 것이 아니다. 공동체 안에 오래 몸담았던 사람, 아는 사람이 많고 영향력이 큰 사람이 이긴다는 것이다. 그게 왜 문제인지 아는가? 교회는 하나님이 이끌어 가시는 곳, 하나님의 목소리가 가장 큰 곳이 되어야 하기 때문이다. 그렇게 하나님이 이끌어 가시는 교회가 부흥하게 된다. 그런데 사람이 주인이 되고, 사람 목소리가 가장 크고 영향력이 확대되어 사람이 교회를 이끌어 가기 시작하면, 그때부터 그 교회는 사람 냄새가 난다. 그런 교회는 점점 영적 능력을 잃게 된다.

우리는 자기주장, 자기 권리, 자기 전통을 내려놓고 하나님이 주인 되시는 교회, 하나님 말씀의 소리가 가장 큰 교회, 하나님이 이끄시는 교회를 만들어야 한다. 그것이 바로 우리가 속한 공동체를 건강하게 만드는 길이다. 이렇게 영적으로 건강할 때, 교회는 다시 살아나 일어날 수 있다.

자기보다 남을 낮게 여기고

또한 기득권을 내려놓는다는 것은 힘이나 영향력 있는 사람들이 아닌, 우리의 도움이 필요한 어려운 이들을 향해 집중한다는 것을 의미한다. 빌립보서 2장 3-4절에 이런 구절이 나온다.

> "아무 일에든지 다툼이나 허영으로 하지 말고 오직 겸손한 마음으로 각각 자기보다 남을 낮게 여기고 각각 자기 일을 돌볼뿐더러 또한 각각 다른 사람들의 일을 돌보아 나의 기쁨을 충만하게 하라."

"오직 겸손한 마음으로 각각 자기보다 남을 낮게 여기고." 이 또한 쉬운 일이 아니다. 우리는 자기보다 남을 '낮게' 여기기보다는 '낮게' 여긴다. 밑으로 본다. '낮게'와 '낮게'는 작대기 하나 차이인데, 그 하나가 엄청난 큰 차이를 만든다.

기득권이 강한 공동체는 직책에 따라 움직이지 않는다. 한 부서에 오래 있었다고, 영향력이 있다고, 인맥이 많다고, 교회에서 목소리가 크다고 직책이 있는 사람이 있음에도 불구하고 직책이 없는 사람이 잘못된 영향력을 가지고 그 직책을 무시하고 행사하는 것이 기득권이다. 그것이 공동체를 망가지게 한다. 건강한 공동체는 달란트에 따라 직무를 맡길 뿐 아니라, 그 직무를 맡은 사람들을 믿고 도와준다. 그들이 책임을 다해 일을 잘 감당해 나갈 수 있도록 협력하는 공동체가 귀한 공동체다.

한국 교회에서 원로목사와 담임목사 간의 갈등으로 힘들어하는 교회들을 본다. 원로목사가 되었다는 것은, 그 교회에서 최소 20년 이상을 섬겼다는 것이다. 그만큼 연륜과 경험, 인맥 등 결코 그 영향력을 무시할 수 없다. 하지만 원로목사는 직책이라기보다 대우라고 보는 것이 맞다. 그동안 수고한 공로를 생각해 그만큼의 대우를 교회에서 해 주는 것이다. 이제 그 모든 직책은 담임목사에게로 옮겨졌다. 그렇다면 담임목사가 일해야 한다. 그가 아무리 교회에서 영향력, 경험, 경륜이 부족할지라도 그가 일하도록 해야 하고, 성도들도 담임목사가 일하도록 해야 한다. 그런데 오랜 전통을 가진 교회에 갓 부임한 담임목사는 교회를 세우고 목회를 더 잘하기 위해 에너지와 힘을 쓰기보다, 교회 안에서 오랜 연륜과 영향력을 가진 사람들과의 관계를 잘 맺기 위해 더 많은 에너지와 힘을 집중한다.

보통 교회 강단에는 강대상이 있다. 그런데 이 강대상을 한 성도가 헌물해서 강단에 두었다고 생각해 보라. 그렇게 몇 년

간 사용하다가 교회 분위기 전환 및 새로운 환경이 필요해서 강대상을 바꾸면 좋겠다는 생각이 들 수도 있다. 그러면 그때 부터 담임목사는 고민이 충만해진다. 왜인지 아는가? 이 강대상을 헌물한 성도가 두 눈 시퍼렇게 뜨고 회중석에 앉아 있기 때문이다.

우리가 다 아는 이야기지만, 세상에서 가장 무서운 마귀는 바로 섭섭 마귀다. 교회에 강대상을 헌물할 정도면 그 성도가 교회에서 보통 사람이겠는가? 신앙에 대한 열심, 교회에 대한 헌신이 대단한 것은 물론, 교회에서 그만큼의 영향력도 있을 것이다. 따라서 그 성도가 헌물한 강대상을 바꾼다는 것은 쉽지 않은 일이다. 담임목사는 거기서 고민하게 된다. 그리고 생각한다. '이 강대상이 뭐라고 성도를 섭섭하게 하면서까지 바꾸나. 바꾸지 말고 그냥 쓰자.'

교회에 새가족들이 온다. 그들은 교회에 어떤 영향력도, 어떤 경험도 없는 이들이다. 그러니 모든 것이 낯설다. 뭐가 뭔지도 모르고, 어디가 어디인지도 모르고, 아는 사람은 물론 가르쳐 주는 사람도 없다. 그렇다면 교회는 어떻게 해야 하는가? 우리는 그들의 입장에서 이해하려 노력해야 한다. '나도 그럴 때가 있었는데, 많이 외롭겠다, 매우 쑥스럽겠다, 많이 불편하겠다'라는 생각을 가지고 먼저 다가가서 손을 내밀어야 한다. 그러나 너무 부담스럽게 다가가면 안 되기에, 어떻게든 지혜로운 방법을 찾아서 그들에게 다가가 돕고, 그들을 세우는 데 더 많은 에너지를 써야 한다. 그들에게 사랑의 마음, 이해의 마음으로 다가가 도우려고 할 때, 그들이 교회 가운데서 아름답게 자리매김해 나갈 것이다. 이처럼 교회는 영향력이 있는 사람이 아니라, 별 영향력이 없는 이들에게 더 많은 에너지를 사용해야 한다.

담임목사, 교역자 그리고 교회를 섬기는 많은 성도가 누구에게 더 많은 신경을 쓰고, 누구에게 더 집중하고, 누구에게 더 잘 보이려고 하는가? 행여나 교회에서 오래 신앙생활한 사람, 교회에 많은 인맥을 갖고 있는 사람, 교회 안에서 영향력이 있는 사람에게 더 많은 신경을 쓰고 그들에게 집중하는 데 교회의 에너지를 쓰고 있다면, 그 교회는 지금 잘못된 길을 가고 있는 것이다. 반면 교회의 에너지가 교회에 전혀 기득권이 없어 보이는 새가족 그리고 경제적으로 가난하고 아파서 교회에조차 올 수 없는 사람들, 오히려 교회와는 전혀 상관없이 살아가는 주변 이웃들에게 향해 있다면, 그 교회는 올바른 길을 가고 있는 것이다. 그것이 바로 기득권이 없는 교회의 특징이고, 그것이 버려질 때 그 교회는 더 밝은 미래로 나아가게 될 것이다.

4.
두 달란트 받은 사람
이야기

우리가 성경을 읽을 때 갖는 잘못된 태도 중의 하나는 고정된 선입견으로 성경을 본다는 것이다. 우리는 달란트 비유에 관한 말씀을 잘 알고 있다. 그런데 이 말씀을 읽거나 설교를 들을 때 주목하는 것이 무엇일까? 다섯 달란트 받은 사람이다. 하나님께서 주신 달란트로 열심히 일해서 다섯 달란트를 남긴 사람, 그 사람은 착하고 충성된 종이다. 또 반대로는 주인이 준 달란트를 땅에 묻은 게으르고 악한 종, 한 달란트 받은 자에게도 주목한다. 그러면서 우리는 그런 사람이 되지 말아야겠다는 교훈을 얻는다. 그런데 나는 이 시대에 한국 교회가 주목해야 할 사람은 다섯 달란트 받은 사람도 아니고, 한 달란트 받은 사람도 아니라는 생각이 든다. 오늘날 한국 교회에 꼭 필요한 일꾼은 아무도 주목하지 않는 '두 달란트 받은 사람'이다. 한국 교회에서 담임목회를 해 본 나로서는 이 두 달란트 받은 사람

이 정말 귀하고 대단한 신앙인이요, 한국 교회에 정말 필요한
일꾼이라는 생각이 든다.

상처 받지 않는 믿음

이 두 달란트 받은 사람이 귀한 신앙인인 이유는, 하나님의 일
을 감당하면서 어떤 상처도 이겨 내는 신앙인이기 때문이다.
마태복음 25장에 나오는 달란트 비유를 읽어 보라. 두 달란트
받은 사람이 충분히 상처 받을 이유가 이 짧은 본문에 두 번
이나 나온다. 하지만 그는 상처 받지 않는다. 아니, 상처를 받
았는지 알 수 없지만, 그는 그 상처를 이기고 결과를 만들어
낸다.

　이 두 달란트 받은 사람이 상처 받을 수 있는 첫 번째 사건은,
그가 바로 두 달란트를 받았다는 것이다. 그 사람도 충분히 이
렇게 생각할 수 있다. '아니, 누구는 다섯 달란트를 주고 왜 나
는 두 달란트를 주는 거지? 걔랑 나랑 뭐가 다른데….' 한 달란
트 받은 사람은 한 달란트를 받았다고 상처 받았다. 그래서 삐친
이야기를 한다. "당신은 굳은 사람이라 심지 않은 데서 거두고
헤치지 않은 데서 모으는 줄을 내가 알았으므로 두려워하여 나
가서 당신의 달란트를 땅에 감추어 두었었나이다"(마 25:24-25).

장황하게 표현되었지만, 간단히 말하면 "저 삐쳤어요. 저 상처 받았어요"다. 누구는 두 달란트 받고 누구는 다섯 달란트 받았는데, 왜 자기에게는 한 달란트만 줬냐는 것이다. 그래서 아무것도 안 해 버렸다. 여기서 한 달란트 받은 사람이 상처 받고 삐쳤다면, 두 달란트 받은 사람도 충분히 상처 받을 수 있었을 것이다. 그런데 두 달란트 받은 사람은 그 상처에도 굴하지 않고 충성되게 일한다. 그는 그 상처까지 이겨 내며 충성되게 일한 귀한 사람이기 때문에, 오히려 다섯 달란트 받은 사람보다 더 귀하고, 더 괜찮은 신앙인이다.

그런데 여기서 주인이 너무한 것이 있다. 상처 될 만한 일이 한 가지로 끝나지 않는다. 두 달란트 받은 사람이 열심히 일해서 두 달란트를 남긴다. 네 달란트가 된 것이다. 그리고 다섯 달란트 받은 사람도 열심히 일해서 다섯 달란트를 남긴다. 그 사람은 열 달란트가 된 것이다. 그런데 그 주인이 일하지 않고 게으른 사람의 한 달란트를 빼앗아서 누구에게 주었는지 아는가? 마태복음 25장 28절은 이렇게 기록하고 있다.

"그에게서 그 한 달란트를 빼앗아 열 달란트 가진 자에게 주라."

아니, 상식적으로 생각해 보라. 두 달란트 받은 사람에게는 네 달란트가 있다. 그리고 다섯 달란트 받은 사람에게는 열 달란트가 있다. 이런 경우에는 보통 누구에게 주는 것을 공평하다고 여기는가? 보통은 똑같이 나누어 주던가 적게 가진 사람에게 주는 것이 상식이다. 그런데 하나님으로 비유된 그 주인은 게으른 종에게서 빼앗은 한 달란트를 열 달란트 가진 사람에게 준다. 내가 만약 두 달란트 받은 사람이었다면 엄청나게 상처 받았을 것이다. 첫 번째 상처는 그래도 이겨 낼 수 있을 것 같은데, 이 두 번째는 정말 큰 상처로 다가왔을 것이다.

왜 이 두 달란트 받은 사람이 귀한 신앙인인지 아는가? 상처 받지 않았다는 것이다. 아니, 그 상처를 이기고 주인의 일을 감당해 나갔다는 것이다. 그래서 한국 교회의 현실에서 보면 이두 달란트 받은 사람이 다섯 달란트 받은 사람보다 더 귀하고, 이런 일꾼이 필요하다.

상처를 이기는 믿음

우리가 하는 하나님의 일에는 상처가 없는가? 삐칠 만한 일이 없는가? 하나님의 일이기 때문에 상처가 없어야 되는가? 그렇지 않다. 하나님의 일을 하면 더 삐칠 일이 많다. 왜 그런가? 하나님의 일은 때로 우리의 상식을 뛰어넘기 때문이다. 그래서 하나님의 일은 상처를 뛰어넘지 않으면 감당이 안 되는 경우가 많다. 우리가 정말 착하고 충성된 종이 되기 위해서는 그 상처를 이기고, 그 상처를 뛰어넘으면서 하나님의 일을 감당할 수 있어야 한다.

교회 주일학교에서 교사로 봉사하는 이들이 있다. 주일학교 교사라고 다 똑같은 달란트, 능력이 있는 것은 아니다. 연초에 두 명의 아이를 맡겨 주면 열심히 전도하고 심방해서 다섯 명, 열 명을 만드는 교사가 있는가 하면, 열 명을 맡겼는데 한 명만 남기는 교사도 있다.

일반 학교의 경우 교사 일인당 학생이 25명이면, 한 반에 정확히 25명씩 나눠서 배분하는 것이 상식이다. 그러나 성경은 그렇지 않다. 하나님의 방법은 달란트가 많은 사람에게는 다섯 명을 주고, 달란트가 적은 사람에게는 한 명 혹은 두 명을 줘야 맞는 것이다. 연초에 주일학교 반을 배분할 때 사역자가 달란트대로 다른 반 선생님에게는 다섯 명의 학생을 주고 나에게는 두 명의 학생을 줬다고 생각해 보라. 당신이라면 삐치겠는가, 삐치지 않겠는가? 상처 받겠는가, 상처 받지 않겠는가? 삐치고 상처 받을 것이다. 그러다 보니 교회도 세상처럼 하게 된 것이다.

주일학교는 교사들이 상처 받지 않도록 관리하는 곳이 아니다. 주일학교는 다음 세대를 살리는 곳이어야 한다. 이 어두운 시대에 우리 아이들을 빛으로 인도하여 복음으로 변화시키고 살리는 곳이 주일학교다. 정말 좋은 교회, 부흥하는 교회, 영혼을 살리는 교회가 어떤 교회인지 아는가? 한 명을 맡기건 열 명을 맡기건 그것에 상처 받지 않고, 아니, 상처가 좀 되더라도 그것을 이기고 충성하여 일하는 교사와 성도가 많은 교회다. 그것이 진짜 교회이고, 그런 교회가 진짜 생명을 살리는 교회가 되는 것이다.

어느 교회를 가 보면 이런 경우가 있다. 성도들이 상처 받을까 봐 성도들 눈치만 살핀다. 그래서 아무것도 못 한다. 이렇게 하면 이 사람이 상처 받고, 저렇게 하면 저 사람이 상처 받을까 봐 전전긍긍한다. 교회는 일꾼들 상처에 절절매는 곳이 되어서는 안 된다. 영혼을 살리는 곳이 되어야 한다. 생명을 살리고, 복음으로 세상을 변화시키는 사역의 공동체가 되어야 한다. 그러기 위해서는 이 두 달란트 받은 일꾼이 많이 나와야 한다.

두 달란트 받은 사람을 보라. 상처 받을 수 있다. 열 받을 수 있고, 삐칠 수 있다. 충분히 한 달란트 받은 사람처럼 보이콧할 수 있다. 그러나 그는 그 상처를 이겨 낸다. 극복한다. 견딘다. 그리고 충성되게 일한다. 열심히 사역한다. 그래서 두 달란트 받은 사람은 정말 훌륭하고 귀한 신앙인이다.

목회도 그렇다. 목회에도 주어진 달란트가 다 다르다. 교회마다의 달란트가 있다. 그러나 우리는 늘 자기가 받은 달란트가 아닌 다른 사람의 달란트에 주목한다. 내게 맡겨진 달란트에 충실하려고 하기보다 다른 누가 얼마의 달란트를 받았는가에 더 많은 관심이 있다. 그래서 상처 받는다. 때로는 마음이 아프다. 하나님께 삐치기도 한다. 그러나 하나님은 착하고 충성된 종을 찾으신다. 한국 교회에는 지금 두 달란트를 가진 성도들과 목회자들이 절실히 필요하다.

우리 모두 두 달란트 받은 사람처럼 귀한 신앙인이 되었으면 좋겠다. 상처에 무너지지 말고, 상처 때문에 보이콧하지 말고, 하나님의 일을 하다가 상처가 있더라도 그 상처를 뚫고, 그 상처를 이기고 하나님의 사명을 감당하는 귀하고 훌륭한 신앙인이 되었으면 좋겠다. 그런 목회자가 있는 교회, 그런 신앙인이 많은 교회가 건강한 교회고, 하나님은 그런 교회를 통해 일하고 역사하신다. 그런 성도, 그런 교회가 되어서 이 마지막 때에 하나님께 아름답게 쓰임 받기를 바란다.

5.
우리를 평가하지 않고
사랑하시는 하나님

우리 인생이 피곤한 이유 중의 하나는 누군가로부터 평가받기 때문일 것이다. 미국에서 공부할 때 어떤 교수님이 매주 시험을 보셨다. 말은 부담 없이, 평소 실력으로 보라고 하셨지만 그게 어디 쉬운가? 그때 그 매주 받은 평가로 얼마나 스트레스를 받았던지, 머리가 빠지는 반응까지 왔었다.

　현대를 살아가는 우리 모두의 삶이 그런 스트레스의 연속이다. 우리는 매일 평가를 받으며 살아가고 있고, 우리를 평가하는 사람들에 둘러싸여 있다. 그리고 그 평가에 매여 인생의 시간을 보낼 때가 많다. 그래서 우리의 삶이 괴로운 것이다. 그런데 안타까운 것은, 우리의 신앙생활까지 이런 평가 속에서 행해지고 있다는 것이다. 하나님이 우리를 평가하고 계신다는 착각 속에서 신앙생활하는 사람이 많다. 물론 신앙 안에 평가의 요소가 전혀 없다고는 할 수 없지만, 결코 그것이 신앙의 본질은 아니다. 문제는 어느 순간부터 그것이 신앙생활의 본질이 되어서 신앙의 기쁨과 행복을 다 앗아 간다는 것이다. 그래서 신앙생활의 기쁨과 행복을 다 잃어버리고 하나님의 사랑 안에 거하지 못하는 안타까운 모습들이 우리 가운데 있는 것을 본다.

하나님은 사랑이시다

요한일서 4장 8절은 우리에게 이렇게 말씀한다.

> "사랑하지 아니하는 자는 하나님을 알지 못하나니 이는 하나님은 사랑이심이라."

하나님은 우리를 평가하는 분이 아니라, 사랑하는 분이시다. 하나님은 '주일 예배에 나오면 90점, 예배에 안 나오면 0점. 새벽 기도하면 90점, 예배는 드리는데 새벽 기도 안 하면 50점. 열 명 전도하면 100점, 한 명 전도하면 50점, 한 사람도 전도하지 못하면 0점' 이런 식으로 우리의 점수를 매기시는 분이 아니다.

목회도 그렇다. 평가의 스트레스로 힘들어하는 많은 목회자를 보게 된다. 다른 목회자의 평가, 성도들의 평가, 교회의 평가

등 평가에 둘러싸여 목회의 기쁨과 보람을 빼앗기는 목회자를 보게 된다. 하나님은 복음을 위해 인생을 내던진 사람들을 평가하는 분이 아니라, 그들을 사랑하는 분이시다. 그것을 놓칠 때 목회는 스트레스요, 부담이 될 수 있다.

기독교는 행위의 종교가 아니다. 기독교는 믿음이 중요하다. 그런데 우리는 무엇을 믿는 것인가? 하나님이 사랑이심을 믿는 것이다. 하나님이 우리를 사랑해서 독생자 예수 그리스도를 십자가에 달려 죽게 하심으로 우리를 구원하셨다는 것을 믿는 것이 바로 기독교다. 하나님은 우리를 사랑하는 분이시다. 우리가 어떤 존재든지, 우리가 어떤 행동을 하든지 결코 우리를 포기하지 않고 사랑하는 분이 우리 하나님이시다.

평가하지 말고 사랑하라

또한 요한일서 4장 11절은 우리에게 이렇게 말씀한다.

"사랑하는 자들아 하나님이 이같이 우리를 사랑하셨은즉
우리도 서로 사랑하는 것이 마땅하도다."

나는 오늘날의 교회가 병들어 가고 있는 이유 중의 하나는 서로 사랑하지 않고 평가하는 것에서부터 문제가 발생한다고 생각한다. 목회자는 성도를 평가하고, 성도는 목회자를 평가한다. 그러나 성경 어디에도 서로를 평가하라는 말씀은 없다. 성경은 서로 사랑하라고 말씀한다.

나는 목사로서 성도들을 평가할 자격도 없지만, 평가하고 싶지도 않다. 나는 성도들을 사랑하는 목회자가 되기를 원하지, 평가하는 목회자가 되고 싶지 않다. 성도들이 주일 예배에 얼마나 나오는지, 새벽 기도를 하는지, 안 하는지, 전도를 하는지, 안 하는지, 십일조를 얼마나 하는지 솔직히 알고 싶지 않다. 그냥, 성도들을 사랑하고 싶다. 그러나 솔직히 그게 잘 안 될 때가 많다.

사랑한다는 것이 무엇인가? 조금 부족해도, 조금 연약하고 못나도 품어 주고, 기도해 주고, 도와주고, 세워 주는 것이 사랑하는 것이 아닐까? 나는 그렇게 목회하고 싶다. 그런데 그게 쉽지 않다. 우리는 자꾸 서로를 정죄하고, 비난하고, 평가하면서 신앙생활하려고 한다. 그러니 그 신앙생활이 행복하겠는가? 내가 목사로서 강단에 서서 왜 기도 안 하느냐고, 왜 전도 안 하느냐고, 왜 십일조 안 하느냐고 매일 비난하고 평가하고 야단친다면, 그것은 신앙생활이 아니라 윤리 및 도덕이요, 율법일 것이다. 그것은 신앙이 아니다. 하나님도 우리를 그렇게 대하지 않으시는데, 왜 우리가 서로를 그런 잣대로 바라봐야 하는가?

교회는 그런 곳이 아니다. 교회는 연약하고, 부족하고, 죄 많은 사람이 오는 곳이다. 교회는 술 마시는 사람도 오고, 담배 피우는 사람도 오고, 제사 드리는 사람도 오고, 별의별 사람들이 오는 곳이어야 한다. 그 사람들이 이곳에서 하나님의 사랑과 목회자와 성도들의 사랑을 경험하면서 그 사랑 안에서 녹아 변화되는 것이고, 그러면서 하나하나 달라지는 것이다. 그 사랑으로 술도 끊고, 담배도 끊고, 죄도 끊고, 아니, 끊고 싶어지게 하는 곳이 교회다. 사랑하는 사람이 싫어하니 끊고 싶어지는 것이다. 그렇게 사랑으로 사람들을 변화시키는 공동체, 그것이 교회다. 그런 교회가 힘이 있고, 그런 교회가 진정한 사명을 감당한다.

가정에서도 마찬가지다. 남편도, 아내도, 자식도 모두 세상에서 힘들게 살아간다. 그 속에서 평가받으면서 잘 보이겠다고, 어떻게든 살아남겠다고 그렇게 살다가 집에 들어오면 가정은 좀 품어 주고, 받아 주고, 용납하고, 이해해 주는 곳이 되어야 하지 않는가? 그런데 집에서까지 잘했느니 못했느니, 너는 이래서 안 되고 저래서 안 된다며 평가를 받아야 하니, 이게 우리를 얼마나 피곤하게 만드는가? 가정은 안식처다. 어머니 품처럼 따뜻한 곳이다. 남들이 다 비난하고 갈 곳이 없어도 가정만큼은 받아 주고 품어 주는 곳이 되어야 한다.

하나님의 말씀대로 서로 사랑하자. 교회에서만큼은 사랑했으면 좋겠다. 우리가 교회에서까지 서로를 평가하면서 이 사람은 이렇고, 저 사람은 저렇다고 해서야 되겠는가? 좋으면 칭찬하고, 격려하고, 박수쳐 주고, 조금 모자라면 기도해 주고, 도와주고, 그래서 서로를 세워 주게 될 때 교회를 통해 사람들이 힘과 용기와 생명을 얻고 변화되지 않겠는가? 이것이 바로 세상과 다른 교회의 모습이 아닌가?

물론 교회에서 열심히 사역하고 전도하는 것, 또는 어떤 결과를 내는 일들이 의미 없다거나 필요 없다는 말은 아니다. 그러나 중요한 것은, 우리가 무엇에 매여 사역을 하고, 무엇을 위해 전도하고, 무엇 때문에 결과를 내고자 하는지를 분명히 알아야 한다. 우리는 하나님을 사랑하기 때문에 사역하고, 영혼을 사랑하기 때문에 전도하고, 교회를 사랑하기 때문에 결과를 내고자 하는 것이다. 누군가의 평가나 시선 때문에 신앙생활을 한다면, 우리의 신앙은 또 다른 스트레스, 부담에 놓여 하나님이 주시는 참된 자유와 기쁨을 놓치고 말 것이다. 기억하라! 하나님은 우리를 평가하시는 분이 아니라, 우리를 사랑하시는 분이다. 하나님께 잘 보이려고 하지 말고, 하나님을 믿고 사랑하라. 그리고 서로 사랑하자. 그 사랑이 우리를 그리고 교회를 더욱 아름답게 변화시킬 것이다.

6.
욕심을 버리고

세상에 욕심 없는 사람은 없다. 우리는 욕심의 뜻에서 그 이유를 알 수 있다. 욕심은 한자로 바랄 욕(欲), 마음 심(心)을 쓴다. 이 욕심을 글자 그대로 해석하면 '바라는 마음'이다. 세상에 바라는 마음이 없는 사람이 어디 있는가? 누구나 다 바라는 마음은 있다. 그게 없으면 사람이 아니다. 그렇기에 욕심은 누구나 있을 수 있다.

그렇다면 왜 욕심이 문제가 되는가? 야고보서 1장 15절에 이런 말씀이 있다.

"욕심이 잉태한즉 죄를 낳고 죄가 장성한즉 사망을 낳느니라."

위의 말씀은 욕심이 죄를 낳고, 죄가 사망을 낳는다고 하지 않는다. 욕심이 잉태할 때 죄를 낳고, 죄가 장성하면 사망을 낳는다고 한다. 잉태란 무엇인가가 생겨서 커진다는 것이고, 장성이란 자란다는 것이다. 맞다. 우리는 다 욕심이 있다. 그런데 그것이 커진다. 그 욕심이 자란다. 그것을 조절하지 못하면 그것이 우리가 생각하는 진짜 욕심이 되는 것이다. 그 욕심이 바로 죄로 나아가게 되고, 결국 그 욕심으로 인해 우리는 망하게 된다.

예배에 오기 전에 더 자거나 더 쉬고 싶은 사람이 있을 수 있다. 충분히 그럴 수 있다. 그것이 사람 마음이다. 하지만 그 바람으로 인해 예배의 자리를 포기한다면, 우리는 진짜 욕심쟁이가 되는 것이다. 하나님 앞에서 욕심쟁이가 되어서는 안 된다. 우리는 하나님이 원하시는 범위 안에서 마음껏 그리고 크게 바라고, 소망하고, 꿈꿔야 한다. 이것이 바로 욕심과 비전의 차이다. 그렇다면 욕심과 비전을 구분할 수 있는 구체적인 방법은 무엇일까?

나만을 위해 vs. 공동체를 위해

첫째, 나만을 위해 원하는 것은 욕심이고, 다른 이들이나 공동체를 위해 헌신하려는 것은 비전이다. 요즘에는 별로 없는데, 내가 어릴 때만 해도 이런 아이들이 많았다. "너 커서 뭐 될래?"라고 물으면 "대통령이요"라고 대답하는 아이가 있다고 생각해 보자. 그 이야기를 듣고 우리는 이렇게 두 가지를 말할 수 있다. "야, 너는 참 생긴 것 답지 않게 욕심이 많구나" 또는 "야, 너는 참 꿈이 크구나"라고 말이다.

이 아이가 이렇게 말하는 것이 욕심인가, 아니면 꿈인가? 그것은 바라는 것만 가지고는 알 수 없다. 소망만으로는 알 수 없다. 그러면 그게 욕심인지, 꿈인지 어떻게 알 수 있는가? 대통령이 되어서 하는 것을 보면 그게 욕심이었는지, 꿈이었는지를 알게 된다. 대통령이 되어서 자신의 삶을 내려놓고 나라와 국민을 위해 진짜 헌신하고 애쓴다면 비전이고, 사리사욕만 채우고 있다면 욕심이 된다.

교회도 마찬가지다. 한국 교회는 교회를 자꾸 크기로 재단하려고 한다. 그리고 그 크기 자체로 교회의 건강성을 평가하는 경우가 많다. 물론 그런 요소가 아주 없는 것은 아니다. 하지만 그 자체가 절대 기준이 될 수는 없다. 만일 절대 기준이 된다면, 초대 교회에 수많은 무리가 왔다는 평가를 우리는 바르게 설명할 수 없다.

교회에 대한 평가가 크기만으로 이루어져서는 안 된다. 그 교회가 거기에서 무엇을 하는지, 어떤 일을 하는지, 그 에너지와 힘을 제대로 사용하고 있는지를 봐야 한다. 하나님이 주시는 물질과 인력과 에너지로 다음 세대를 세우고, 그들이 속한 동네를 살리기 위해 헌신하고, 세계 선교를 위해 애쓴다면, 그 교회는 크기와 상관없이 더 바라도 되는 교회가 된다. 하지만 교회의 크기를 자랑의 도구로 사용하고, 그곳에 자기들만의 성을 쌓아 올려 자기들만을 위한 곳으로 만들어 간다면, 그것은 바로 목회자와 교회의 욕심으로 전락하고 마는 것이다.

이기다 vs. 져 주다

둘째, 이기려고만 하거나 살려고만 하는 것은 욕심이고, 이길 때도 있지만 지거나 죽을 수도 있는 것은 비전이다. 젊을 때는 부부 싸움하고 한동안 말을 안 할 때, 먼저 말을 거는 사람이 지는 것이라고 생각한다. 거기서 부부는 자존심을 건 한판 승부를 한다. 그러나 그렇게 자존심 싸움을 해서 이기는 것은 이긴 것이 아니라, 참 못난 것이다. 욕심으로 충만한 사람은 이기려고만 한다. 그러나 비전으로 가득 찬 사람은 공동체를 위해서, 가정을 위해서, 나라를 위해서 때로는 진다. 자기를 죽인다. 자기를 포기할 줄 안다.

우리 인생도 마찬가지다. 오래만 사는 것은 잘 사는 것이 아니다. 생명은 하나님께서 주신 것이므로 생명이 주어져 있는 동안에는 나만을 위해 사는 것이 아니라, 이웃과 교회 그리고 나라와 민족을 위해 살다가 하나님이 부르시면 기쁘게 죽어 천국에 가는 것이 우리의 삶이어야 한다. 이 땅에 미련을 두고 안 죽으려고 발버둥 치는 것은 곧 욕심이다.

예수님은 지는 것이 이기는 것임을 삶을 통해 보여 주셨다. 십자가는 지는 것을 통해 이기는 것을 보여 주는 신비다. 또한 예수님은 죽는 것이 사는 것임을 알려 주셨다. 나를 죽여 내가 속한 가정, 교회, 공동체를 살릴 수 있느냐, 없느냐가 바로 욕심과 비전의 차이다.

지키다 vs. 도전하다

셋째, 지키려고만 하는 것은 욕심이고, 가진 것을 가지고 도전하는 것은 비전이다. 이스라엘 백성이 가나안을 목전에 두었다. 최종 승리가 그들 앞에 놓여 있었다. 그런데 갑자기 사고를 치는 지파가 나온다. 르우벤과 갓 지파다. 아니, 가나안으로 올라가야 하는데 갑자기 요단 동편 땅을 달라고 우긴다. 요단 동편 땅을 달라는 것은 요단 강을 건너지 않겠다는 말이다. 이는 자기 땅만 있으면 된다는 것으로, 다른 지파 생각은 안 하는 것이다.

그런데 왜 그들이 그런 주장을 하는가? 이미 그들은 많은 것을 가지고 있었다. 많은 것이 그들에게 감사의 제목이 되어야 하는데, 오히려 하나님의 말씀에 불순종하는 이유가 되어 버리고 만다. 아니, 하나님께서 많은 복을 주셨으면 그것을 가지고 하나님이 말씀하시는 가나안 땅으로 도전하고 나아가야 하는데, 오히려 자기가 가진 것을 놓칠까 봐 전전긍긍하면서 요단강을 안 건너겠다고 생떼를 부리고 있다. 안주하는 것이다. 여기서 만족하려는 것이다. 그들은 지금 괜찮은 것 때문에 하나님이 준비하신 최고의 것을 포기하는 어리석음을 보이고 있다. 하나님은 우리에게 그런 삶을 결코 요구하지 않으신다.

지금 가진 것에 안주해서는 안 된다. 그것이 바로 욕심이다. 그러나 비전이 있는 사람은 도전한다. 자신에게 주어진 것을 가지고 하나님의 뜻을 이루기 위해 기꺼이 나아갈 수 있는 용기를 가진 사람이 바로 비저너리(Visionary)다. 한국 교회에는 이런 비전과 비저너리가 필요하다.

나만을 위해 원하는 것은 욕심이고, 공동체를 위해 헌신하는 것은 비전이다. 이기려고만 하는 것은 욕심이고, 공동체를 위해, 영혼을 위해 질 수 있는 용기를 가지는 것은 비전이다. 지키려고만 하는 것은 욕심이고, 하나님이 주신 것으로 도전하는 삶을 사는 것은 비전이다. 우리 모두 욕심쟁이가 되지 말고 비저너리가 되자. 그것이 성도 개인은 물론 한국 교회를 새롭게 만들어 갈 것이다.

7.
형식주의를 버리고

무엇이든 처음에는 목적과 비전을 가지고 시작한다. 그리고 그 목적과 비전을 이루기 위해서는 많은 형식이 필요하다. 따라서 우리는 그 형식들을 무시하거나 필요 없다고 생각해서는 안 된다. 형식은 바로 목적과 비전을 담는 그릇이기 때문이다. 그런데 문제는, 시간이 지나면 목적과 비전은 희미해지고 형식만 남는 경우가 많다는 것이다. 그렇게 되는 이유는, 목적과 비전은 추상적인 형태로 남지만, 형식은 분명하게 우리 눈에 드러나기 때문이다. 시간이 흐르면서 연륜이 되고 그렇게 전통이 만들어지다 보면 자칫 목적과 비전은 옅어지고 껍데기, 형식만 남게 되어 결국에는 처음에 생각하는 방향과 목적과는 전혀 다른 곳으로 움직이는 것을 보게 된다.

교회도 마찬가지다. 교회의 목적은 무엇인가? 비전은 무엇인가? 교회는 하나님께 영광 돌리는 곳이어야 한다. 뿐만 아니라 하나님께서 은혜 베푸신 통로요, 하나님이 우리에게 주신 사명, 곧 복음 전파의 사명을 감당하는 곳이어야 한다. 교회는 이 목적과 비전을 위해 예수 그리스도께서 당신의 핏값으로 세우셨고, 교회에 속한 우리는 그 목적과 비전을 이루어 가야 한다. 그러다 보니 교회에는 그 목적과 비전을 이루기 위한 많은 형식이 있다. 예배도 있고, 제자 훈련도 있고, 다양한 프로그램도 있고, 주일학교도 있고, 여러 가지 시설도 있다. 이 모든 것은 그 목적과 비전을 이루기 위한 도구지, 그 자체가 목적이어서는 안 된다.

그런데 문제는, 교회에 예배라는 형식은 있는데 그 예배의 목적대로 하나님께 영광 돌리는 교회는 많지 않다는 것이다. 예배 속에 성도들이 받는 은혜는 없고 그냥 예배라는 형식, 틀만 존재해서 그로 인해 예배는 어때야 하는지, 찬양은 어떤 것을 불러야 하는지 등 이상한 논쟁을 하는 경우를 보게 된다. 이것이 바로 형식주의에 빠진 교회의 모습이다.

교회는 복음을 전하는 곳이며, 생명을 살리는 곳이고, 영혼을 구원하는 곳이다. 성도들은 복음을 전하러 나가지도 않고, 세상 사람들은 복음을 들으러 오지도 않는 교회는 그 안에 많은 프로그램, 행사, 훈련이 있다 하더라도 이름만 교회요, 교회라는 형식만 존재할 뿐이다. 이처럼 우리가 무엇인가를 하는 것에만 의미를 두고 그것을 하면 다 끝나는 줄 아는 것이 바로 형식주의다. 그렇다면 이런 형식주의를 버리고 목적과 본질을 이루는 교회를 만들어 가기 위해 우리는 어떻게 해야 할까?

마음을 담으라

먼저, 형식 안에 우리의 마음을 담아낼 수 있어야 한다. 시편 96편 1절에 이런 말씀이 있다.

"새 노래로 여호와께 노래하라 온 땅이여 여호와께 노래할 지어다."

성경에 보면 '새 노래로 여호와께 찬양하라', '새 노래로 여호와께 노래하라'라는 구절이 많다. 우리가 이 말씀을 문자 그대로 지키고 살아가려면 매주 신곡을 만들어 예배 때마다 찬양해야 한다. 그런데 우리는 신곡이 아니라 오히려 몇 십 년 전, 심지어 몇 백 년 전 찬양을 예배 속에서 부르고 있다. 그렇다면 우리는 이 말씀을 어기며 살아가고 있는 것일까? 그렇지 않다. 여기서 '새 노래'라는 것은 신곡, 새로운 곡을 말하는 것이 아니라, 우리 마음의 새로움을 말하는 것이다.

나는 군대를 토요일에 입대했다. 그다음 날이 주일인데 교회를 보내 주지 않았다. 내 인생에서 처음으로 주일 예배에 가지 못한 날이었다. 입대한 첫 주에 군인화 단계라는 정말 힘든 훈련을 받고 주일이 찾아왔다. 매주 갔던 예배였는데, 한 주를 빠지고 그 힘든 훈련을 마치고 드리는 예배는 모든 것이 소중했다. 평소에 그냥 외웠던 사도신경, 그냥 불렀던 찬양, 그냥 들었던 설교, 그 모든 것이 내 마음속에 새롭게 다가왔고, 그 모든 것이 나에게 간절했다. 나는 그때 새 노래로 하나님께 예배했다.

형식에 빠져서 습관적으로 되뇌고, 아무 감동이나 마음도 없이 그냥 앵무새처럼 아는 것이기에 드리는 찬양, 영혼 없이 드리는 기도가 아니라, 찬양 하나, 기도 하나, 말씀 하나에 우리 마음을 담아내고 표현하는 예배를 우리는 드려야 한다. 예배뿐만 아니라, 교회에서 행하는 모든 프로그램에 우리의 마음을 담아내야 한다. 그것이 바로 형식주의에서 벗어나는 길이다.

기존의 형식을 버리라

또한 목적을 더 잘 이루기 위해서는 기존의 형식을 과감히 버릴 줄도 알아야 한다. 형식이 나쁜 것은 아니다. 내용을 담기 위해서는 반드시 형식이라는 그릇이 필요하다. 그 형식과 틀은 또한 우리에게 편안함을 준다. 그런데 이 편안함이 자칫 잘못하면 익숙함으로 바뀌고, 그 익숙함이 매너리즘으로 빠지게 되면 그게 바로 형식주의인 것이다.

초신자가 처음으로 예배를 드리기 위해 교회에 나온다고 생각해 보라. 사도신경을 외우는 시간에는 이게 뭔가 하는 생각이 들 것이고, 성경을 찾거나 찬양을 부르는 시간에는 아는 것이 없으니 얼마나 긴장되고 불편하겠는가? 그런데 우리는 교회에서 몇 년, 몇 십 년 동안 신앙생활하면서 주일 예배는 물론 저녁 예배, 수요 예배, 금요 예배까지 드려 왔다. 그러다 보니 우리는 찬양도 잘 알고, 예배 순서도 잘 알고, 사도신경도 청산유수처럼 외울 수 있다. 그런데 그 편안함에 취해서 더 좋음, 더 잘함으로 나아가지 않고 편안함에 머무른다면, 그 예배는 생명력을 잃게 될 것이다. 따라서 우리는 목적과 비전을 위해 끊임없이 고민해야 한다.

물론 이를 위한 새로운 형식도 필요하다. 그러나 형식이 본질은 아니다. 그 형식이 우리의 마음, 하나님의 목적과 비전을 더이상 담아내지 못한다면, 우리는 그것을 바꿀 용기가 있어야 한다. 예배 가운데 하나님께 더 영광을 돌릴 수 있고 우리 마음을 더 잘 담아내는 형식이 있다면 과감히 변화하는 도전을 멈추지 말아야 한다. 또한 영혼을 더 찾아오게 하고 그들에게 복음의 영향력을 더 잘 전해줄 수 있다면 교회 공간도 새롭게 할 수 있는 용기가 있어야 한다. 그것이 바로 형식주의를 탈피해서 하나님의 목적과 비전을 향해 나아가는 길이다.

궁극적인 목적을 기억하라

마지막으로 형식주의에 빠지지 않기 위해서는, 우리의 궁극적인 목적은 오직 하나님께 영광인 것을 잊지 말아야 한다. 사람들이 왜 형식에 치우치게 되는지 아는가? 알맹이가 없어서 그런 경우가 많다. 그 알맹이 없음을 가리기 위해 거기에 과도한 시간과 물질, 노력을 투자해서 형식으로 감추려고 하는 것이다.

모든 것은 다 하나님의 영광을 위해 존재한다. 우리는 다 하나님의 영광을 위해 만들어진 존재다. 그러므로 우리는 마음껏 하나님의 영광을 선포하고 드러내는 존재가 되어야 한다. 그러기 위해 우리는 어떻게 나아가야 하는가?

오래전 개척 교회에서 전도사로 사역할 때였다. 담임목사님이 개척했고, 전도사는 나밖에 없었으며, 성도는 열 명 정도 있는 교회였다. 어느 날, 담임목사님이 나를 부르더니 본인은 목회자 세미나가 있다며 나에게 다음 주 월요일 새벽 기도를 인도해야 한다고 말씀하셨다. 그때까지는 교육 전도사로서 주일 학교 설교는 해 봤지만, 장년 성도들을 대상으로 한 설교는 한 번도 해 본 적이 없었다. 인생 처음으로 장년 성도들 앞에서 설교를 하려니 얼마나 떨리고 긴장을 했겠는가? 그래서 설교도 엄청 열심히 준비하고, 원고도 몇 번씩 고치고, 읽고 또 읽으며 최선을 다했다. 주일 사역을 마친 후에는 집이 멀어서 새벽에 늦을까 봐 집에 가지도 않았다. 그냥 교회에서 자고 예배해야겠다고 생각하고 강단에 이불을 폈다. 그런데 긴장이 되어서인지 잠이 오지 않았다. 장년 성도들 앞에서 처음 하는 설교라 잘해야겠다는 마음에 5시 새벽 기도인데 4시에 알람을 맞춰 놓고 일찍 일어났다. 일어나서 이불 개고, 세수하고, 옷 멋있게 입고, 설교 원고를 읽고 또 읽고 기도하며 성도들을 기다렸다.

그런데 4시 50분이 됐는데도 아무도 오지 않았다. 아니, 5시가 됐는데도 아무도 오지 않았고, 5시 10분이 되어도, 5시 20분이 되어도 아무도 오지 않았다. 너무 실망이 됐다. '내가 이 설교를 얼마나 열심히 준비하고 기다렸는데, 아무도 안 오다니.' 그런 성도들이 이해가 안 됐다. 그런데 나중에 알고 보니, 개척 교회 담임목사님이 그렇게 열심히 사역하고 설교하는데 자신이 안 가면 아무도 없을까 봐 성도들이 힘들어도 계속 나온 것이었다. 그런데 모처럼 담임목사님이 어디 가신다니까 이때 아니면 못 쉴 것 같아서 자기만 좀 쉬겠다고 생각했는데 단체로 안 나오게 된 것이었다. 충분히 이해가 되었다.

실망한 것은 실망한 것이고, 그때 나는 고민이 충만해졌다. 새벽 기도에 사람들이 아무도 안 나왔는데 예배를 드려야 하는지 말아야 하는지 답이 나오지 않았다. 아무도 없는 예배당에서 혼자 찬양하고, 기도하고, 설교하면 누가 봐도 미친놈인데, 내가 지금 그것을 해야 하나, 말아야 하나 고민이 되었다. 그러다 결론이 났다. '예배는 사람을 보고 하는 것이 아니다. 하나님께 드리는 것이다'라는 생각이 들었다. 그래서 강단에 올라가서 아무도 없는데 나 혼자 미친 척하고 거기서 찬양하고, 기도하고, 설교를 했다. 그게 서러움의 눈물인지, 은혜의 눈물인지는 모르겠는데, 눈물이 주르륵 흐르면서 마음 가운데 큰 은혜가 임했다.

많은 사람이나 화려한 겉모습, 형식이 중요한 것이 아니다. 오직 하나님이다. 오직 하나님께 영광. 그렇게 하나님께 영광을 돌리기 위해 나아가는 한 사람, 그 사람을 지금도 우리 주님은 찾고 계시고, 하나님은 그 사람의 예배를 받으신다. 껍데기에 속지 마라. 형식과 겉모습에 도취되지 마라. 사람의 시선을 의식하지 않고 있는 자리에서 하나님께 영광을 돌리며 나아가는 모습, 그것이 바로 형식주의를 버린 사람의 모습이고, 그런 사람을 통해서 하나님은 영광을 받으실 것이다.

8.
교회의 힘을 묻다

그리스도인이 되었다는 것은 우리가 이전의 삶에서 변화되었다는 것을 말한다. 그리스도인이 된 순간 달라진 것이다. 그전에 좋았던 것이 싫어지고, 오히려 그전에 싫었던 것들이 좋아지게 되고, 그전에 참 의미 있게 생각되었던 세상의 것들이 의미 없어지고 하나님의 말씀을 따라 살고 싶어지는 것, 그것이 바로 그리스도인이 된 우리의 변화다.

그런데 그리스도인들은 자신이 변한 것으로 끝나서는 안 된다. 우리에게는 나를 통해 누군가를 변화시켜야 할 책임이 있다. 하지만 이것이 참 어렵다. 아니, 나도 변화하기 어려운데 내가 누구를 변화시킨단 말인가?

그럼에도 불구하고 우리는 포기하지 않고 그 방향으로 나아가야 한다. 그리스도인에게는 사람들을 변화시키고, 가정을 바꾸고, 도시의 변화를 이끌며 시대를 선도할 책임이 있다. 그리스도인들이 그 일을 잘하게 하기 위해 예수 그리스도께서 세우신 것이 바로 교회다. 교회는 그리스도인인 우리가 먼저 예배를 통해 은혜 받고 변화되어야 하는 곳이다. 그리고 변화된 우리가 나가서 세상을 바꾸고, 시대를 변화시키고, 사람들을 구원해야 한다. 이것이 바로 교회의 역할이다. 그러기 위해서는 무엇이 필요할까? 바로 힘이 필요하다. 힘이 없으면 안 된다. 무엇인가를 바꾸고 변화시키기 위해서는 그냥 되는 것이 하나도 없다. 무엇인가 그 변화를 이끌 힘이 있어야 바뀌고, 달라지고, 변화되는 것이지, 힘이 없으면 아무것도 안 된다. 그래서 교회는 힘이 있어야 한다.

그런데 세상이 말하는 힘이 있다. 우선 자본주의에서는 무엇이 힘인가? 돈이 힘이다. 그 종이쪼가리 같은 돈은 자본주의 세상 속에서 엄청난 힘을 갖고 있다. 어떨 때 보면 돈은 사람도 바꾼다. 돈이 없던 사람에게 돈이 생기면 일단 얼굴의 때깔이 바뀐다. 그러면서 괜히 목에 힘도 들어가고, 하고 다니는 것도 달라진다. 또한 이 세상은 권력이 힘이다. 권력이 있으면 다른 사람으로부터 받는 대우가 다르다. 또 권력으로 다른 사람에게 이렇게 해라, 저렇게 해라 하며 시킬 수도 있다.

하지만 교회는 돈도 없고, 권력도 별로 없다. 물론 있는 곳도 있지만, 교회가 가진 것으로는 할 수 있는 것이 별로 없다. 예전에 개척 교회에서 전도사로 사역할 때였는데, 교회가 다 그러겠지만 특별히 개척 교회이니 한 사람, 한 사람이 얼마나 귀하겠는가? 어느 주일에 나이 든 어르신 두 분이 먼 곳에서 예배를 드리러 나오셨다. 이것을 담임목사님이 너무 고맙고 귀하게 여겨, 두 분에게 교회 식사를 잘 대접해 드리고 멀리 가야 하니 차비로 쓰라며 5천 원을 건네 드렸다. 그런데 이분들이 좋았는지 그다음 주에 또 출석하셨다. 목사님은 고마운 마음에 이번에도 점심 식사와 차비 5천 원을 제공해 드렸다. 그런데 문제는 그 다음에 일어났다. 이분들이 종로 탑골공원 출신이었는데, 거기 있는 어르신들에게 주일에 어느 교회에 가면 식사 대접도 잘해 주고 차비도 5천 원씩 준다며 소문을 낸 것이다. 그 이후에 그 분들과 같은 어르신들만 거의 100명이 오셨다. 그래서 그 어르신들을 위해 따로 예배를 신설해서 1부 예배로 드렸다. 하지만 개척 교회에서 그 많은 어르신에게 어떻게 매번 식사와 5천 원씩 차비를 드리겠는가? 결국 돈은 못 드리고 식사만 대접하니 몇 달이 안 되어 거의 안 오시고 말았다.

그때 알았다. 돈에 힘이 있다는 것을 말이다. 그런데 교회는 그럴 수 있는 돈이 많지 않다. 그렇기에 돈은 교회의 힘이 될 수 없다. 그리고 돈 때문에 온 사람들은 돈 때문에 떠나는 것을 봤다. 돈으로 바꾸는 것은 교회가 원하는 방향의 변화가 아니다.

교회가 죽어 가는 사람들을 구원하고 악한 세상을 변화시키며 어두워진 세상을 밝히기 위해서는 힘이 있어야 한다. 그렇다면 교회가 가지는 힘은 무엇일까? 우리는 과연 어떤 힘으로 이 세상을, 사람들을, 이 시대를 변화시켜야 할까? 우리는 어떤 힘을 가져야 할까?

거룩함을 가지라

첫째, 교회와 그리스도인이 가져야 하는 힘은 다른 것이 아니라 거룩함이다. 유교적 배경을 가진 우리는 이 거룩함을 "에헴" 하면서 아무 말 없이 무게 잡고 있는 것으로 생각할 때가 많다. 그러나 그것은 거룩함이 아니라 엄숙함이다. 성경이 말하는 거룩함은 그런 것이 아니라, 구별됨이다. 차이다. 다름이다. 에베소서 4장 1-2절은 우리에게 이렇게 말씀한다.

> "그러므로 주 안에서 갇힌 내가 너희를 권하노니 너희가 부르심을 받은 일에 합당하게 행하여 모든 겸손과 온유로 하고 오래 참음으로 사랑 가운데서 서로 용납하고."

초대 교회에는 세상 사람들이 말하는 돈이나 권력과 같은 힘이 없었다. 초대 교회 성도들은 대부분이 노예이거나 종이었으며, 가난하고 어려운 이들이 많았다. 돈이 있는 사람은 거의 없었다. 그런데 이 초대 교회가 세상을 바꾼다. 많은 사람을 구원하고 시대를 바꾼다. 그 엄청난 로마 제국을 뒤집어엎는다. 그 힘이 어디서 났을까? 다른 것이 아니다. 그들에게는 세상에 없는 힘이 있었다. 바로 구별됨이다. 세상과 다르게 사는 것이다.

그 당시 세상 사람들 눈에는 그리스도인이 희한하게 보였을 것이다. 교회라는 곳에 모인 사람들이 외적으로 보면 전혀 기뻐할 수 없고, 좋아할 수 없고, 행복할 수 없는 조건을 가졌는데 모여서 기뻐하고, 감사하고, 좋아하는 것이 아닌가. 자신들과는 다른 것이다. 세상 사람들은 조금만 힘든 일을 시키면 입을 삐쭉거리고 불평하며 하는 둥, 마는 둥 눈속임을 하는데, 교회에 다니는 사람들은 그렇게 하지 않는다. 오히려 감사하며 열심히 하고, 심지어 잘한다. 그게 달라 보이는 것이다.

그리고 "예수 믿으면 죽인다"고 할 때 자신들 같으면 무서워서 당장 예수 안 믿고 로마 황제를 섬긴다고 할 텐데, 이 사람들은 무슨 배짱인지 죽음을 두려워하지 않는다. 사자 굴에 쳐 넣겠다고 협박하니 오히려 찬양하면서 사자 굴에 들어가고, 죽으면서도 하나님께 영광을 돌리니 세상 사람들이 보기에는 미친 사람들인 것이다. 도저히 이해가 안 되는 것이다. 자신들에게는 없는 것이 있고, 자신들과 너무 다르게 사는 것이다.

그런데 이것이 초대 교회가 가진 힘이었다. 세상과 다른 것, 세상 사람들이 살아가는 행동 패턴과는 전혀 다른 모습으로 살아가는 것 말이다. 사람들은 그것을 보면서 놀라고, 기독교에 관심을 갖기 시작했다. 그리고 그 사람들의 말을 허투로 들을 수 없었다.

세상은 그리스도인인 우리와 교회에 무엇인가를 요구한다. '너희는 좀 달라야 하지 않냐? 너희는 우리와 구별되어야 하지 않냐? 너희는 세상과 다르게 좀 거룩해야 하지 않냐?' 이는 하나님만 요구하시는 것이 아니라, 세상도 우리를 바라보면서 그것을 원하고 있다.

때로는 그것이 억울하게 적용되어 참으로 불공평하게 느껴질 때도 있다. 그러나 우리가 그리스도인이 된 순간, 우리가 교회로 세워진 그 순간 우리는 그 길을 가야 한다. 세상과 다른 길을 가야 한다. 큰 길이 아니라 좁은 길, 쉽고 편한 길이 아니라 십자가의 길을 가야 한다. 그것이 바로 그리스도인의 힘이요, 교회가 이 세상을 바꾸고 이 시대를 변화시키는 능력이 되는 것이다.

십자가의 길은 멀리 있지 않다. 좁은 길을 가는 것은 어떤 대단한 일을 하는 것이 아니다. 삶의 자리에서 구별된 삶을 살아가는 것, 어려움 앞에서 세상 사람들과 똑같이 반응하는 것이 아니라, 그것을 견뎌 내고 이겨 내면서 그들과 다르게 살아가는 것, 그것이 바로 그리스도인이 가야 할 길이고, 그것이 우리의 힘이어야 한다. 그 힘이 결국 언젠가는 우리가 속한 공동체

뿐 아니라 시대를 변화시킬 것이다.

하나 됨을 지키라

둘째, 교회의 힘은 다른 것이 아니라 하나 됨이다. 에베소서
4장 3절은 이렇게 말씀한다.

"평안의 매는 줄로 성령이 하나 되게 하신 것을 힘써 지키
라."

혼자가 힘이 있으면 혼자 하면 된다. 그러나 제대로 된 교회
는 돈이나 권력이 있는 사람을 특별하게 대우하지 않는다. 그
냥 성도 중의 한 사람일 뿐이다. 그래서인지 제대로 된 교회에
는 그런 사람이 별로 없다. 똑같이 대우하니 말이다. 교회에 다
른 힘은 없다. 하나 된 힘만이 있을 뿐이다. 우리는 고만고만한
힘을 하나로 뭉쳐서 큰 힘을 만들어 내야 한다.

그런데 사탄은 우리가 이 하나 된 힘을 쓸 수 없도록 분열시
키고 갈라놓는다. 그런 공동체는 힘이 없다. 자기들끼리 싸우
기 바쁜데 그런 곳에서 무슨 힘이 날 수 있겠는가? 그러나 성령
은 우리를 하나 되게 하신다. 힘을 하나로 모으게 하신다. 그런

하나 된 공동체가 세상을 바꾸고, 시대를 변화시키고, 사람을 구원하는 것이다.

가정도 마찬가지다. 하나 됨을 지키고, 이 하나 됨을 놓치지 말아야 한다. 왜 이 시대가 힘이 없고 우리 삶 가운데 행복이 점점 사라지는지 아는가? 가정이 깨어져 남편은 남편대로, 아내는 아내대로, 자식은 자식대로 분열되어 살아가기 때문이다. 이 작은 가정도 하나 되지 못하고 서로 미워하는 마당에 우리가 삶에서 무엇을 해낼 수 있겠는가? 그러나 우리가 가정의 하나 됨을 지킬 때 사랑이라는 힘, 행복이라는 힘이 생겨, 그 힘으로 세상을 이겨 나가게 된다. 그리고 그 하나 됨의 힘으로 교회는 이 도시를, 이 시대를, 이 세상을 변화시켜 나가야 한다.

성령 안에 거하라

마지막으로 셋째, 교회의 힘은 성령 하나님께 있다. 에베소서 4장 3-4절은 이렇게 말씀한다.

> "평안의 매는 줄로 성령이 하나 되게 하신 것을 힘써 지키라
> 몸이 하나요 성령도 한 분이시니 이와 같이 너희가 부르심
> 의 한 소망 안에서 부르심을 받았느니라."

우리는 이 문장을 잘 이해해야 한다. 우리 삶의 모든 것은 이미 성령 하나님이 다 해 놓으신 것이다. 성령 하나님이 우리를 책임지고 행하신다는 것이다. 나도 변화시키지 못하는 내가 어떻게 다른 사람을 전도하고 그들의 마음을 바꾸어 교회에 오게 하겠는가? 우리는 못 한다. 우리 힘으로는 안 된다. 할 수가 없다. 그런데 우리는 안 되지만, 성령님은 되신다. 성령님의 힘은 무궁무진하다. 그분은 끝이 없고 한계가 없으시다. 그 힘으로 하나님은 당신의 일을 이루신다.

마치 이런 것이다. 우리가 서울에 가기 원한다면 터미널에서 서울 가는 버스를 타야 한다. 서울 가는 버스를 타고 있으면 가만히 있어도 기사님이 우리를 서울로 인도해 준다. 하지만 서울에 가야 하는데 부산으로 가는 버스를 타고 있으면, 우리는 우리가 원하지 않는 부산으로 가게 된다. 우리는 부르심의 한 소망 안에서 부르심을 받았다. 성령이 우리 삶을 주관하고 우리 삶 가운데서 역사하시게 하려면, 성령님이 부르시는 소망 안에 거하면 된다.

그래서 우리는 늘 성령 충만해야 한다. 성령 안에 거해야 한다. 우리가 무엇인가를 하는 것보다 더 중요한 것은 바로 우리가 성령 안에 거하고 있느냐, 아니냐는 것이다. 성령 안에 거해야 한다는 말은 성령님이 운전하시는 버스 안에 타야 한다는 것이다. 그것이 바로 성령 충만이다. 우리가 성령 안에 거하면 성령님이 이루시고, 성령님이 역사를 만들어 가실 것이다. 그래서 우리가 전도하는 것이다. 우리가 우리 힘으로 해 봐야 얼마나 전도하겠는가? 그러나 그것이 성령님이 원하시는 것이고 성령 안에 거하는 것이기에, 우리가 성령의 소망대로 살면 그분이 당신의 역사를 이루어 가신다.

지금 우리 삶도 마찬가지다. 잘 생각해 보면 진짜 어려움 투성이다. 될 것 같지 않다. 무엇인가 까마득해 보인다. 그런데 성령의 편에 서서 그분이 운행하시는 삶 가운데 있어 보라. 안 될 것 같은데, 신기하게 된다. 어려울 것 같은데, 신기하게 풀린다. 도저히 불가능한데, 신기하게도 가능해진다. 그래서 잘되는 교회는 별로 하는 게 없어 보이는데도 잘되지만, 안 되는 교회는 하는 게 많아 보여도 안 된다. 왜 그런가? 잘되는 교회는 성령 안에 거하므로 성령님이 행하시기 때문이고, 안 되는 교회는 성령님이 가시는 방향과 벗어나 있어 성령이 역사하시지 않기 때문이다.

성령 충만은 어려운 것이 아니다. 어떤 대단한 은사를 받거나 기적을 행하는 것이 아니라, 늘 성령님이 가시려는 방향에 서 있는 것이다. 앞의 말씀에서 말하는 부르심의 한 소망, 거기에 서 있는 것이다. 그러면 성령님이 역사하시고, 성령님이 일하시고, 성령님이 이루어 가신다. 그것이 바로 교회의 힘이다. 교회가 성령님이 가시고자 하는 방향에 서 있으면 성령님께서 그 변화를 만들어 가신다.

지금 당신은 어느 편에 서 있는가? 성령 안에 거하라. 성령님의 편에 서라. 그러면 성령의 힘이 당신의 힘이 된다. 그럴 때 우리 안에 상상할 수 없는 힘이 발동되고, 그 힘을 통해 놀라운 변화를 보게 될 것이다.

9.
복음의 능력 말고
다 바꾸기

'지금 한국 교회가 위기다.' '교회 주일학교 아이들이 사라진다.' '한국 교회의 다음 세대, 청소년, 청년들이 교회를 떠난다.' '한국 교회의 미래가 어둡다.' 이런 소리가 목회자인 나에게는 지겹게 들린다. 왜 이런 소리가 지겹게 들리는가 하면, 이런 이야기를 하면서도 대부분의 교회들은 그냥 하던 대로 하기 때문이다. 아니, 위기라면 무엇인가 좀 다르게도 해 보고, 달라지기도 하고, 변화도 시도해 봐야 하는 것이 아닌가? 그런데 만날 말은 어렵다면서 하는 것을 보면 그냥 하던 대로 한다. 그럴 거면 위기라는 말을 하지 말아야 하는 것이 아닌가?

세상에서 가장 쉬운 것이 무엇인지 아는가? 하던 대로 하는 것이다. 그런데 이것을 뭐라고만 할 수 없는 것은, 대부분의 교회가 변화에 취약한 구조인 경우가 많다. 어느 하나만을 바꾸기가 어렵다. 위기면 사실 급진적 변화도 요구되는데, 그 급진적 변화는 더더욱 하기 힘든 것이 한국 교회의 구조다.

교회에는 일단 사람이 많다. 사람이 많으면 그만큼 생각도 많다. 더불어 말도 많다. 그러다 보니 무엇 하나 바꾸려면 사람 수만큼 말이 나온다. 그러니 변화가 쉽지 않다. 그래서 어떻게 하는지 아는가? 이전에 하던 대로 한다. 하던 대로 하면 말은 안 나오니 말이다.

하지만 이런 구조와 자세는 한국 교회의 미래를 더욱더 어렵게 만든다. 한국 교회는 이제 변화해야 한다. 바뀌어야 한다. 그렇다면 우리는 무엇부터 시작해야 할까? 교회는 무엇부터 바꿔야 할까? 결론적으로 말하면, 교회는 다른 어느 것이 아니라 복음이 이끌어 가야 한다. 복음이 교회의 능력이 되어야 한다. 그렇다면 그렇게 변화하기 위해 교회는 구체적으로 무엇을 해야 할까? 무엇부터 시작해야 할까?

기득권을 내려놓으라

먼저, 우리의 기득권을 내려놓고 포기할 수 있어야 한다. 로마서 1장 16절은 이에 대한 내용으로 너무나도 많이 인용되는 말씀이다.

"내가 복음을 부끄러워하지 아니하노니 이 복음은 모든 믿
는 자에게 구원을 주시는 하나님의 능력이 됨이라 먼저는
유대인에게요 그리고 헬라인에게로다."

우리는 이 말씀을 자주 듣고 읽지만, 나는 이 말씀을 읽을 때
마다 늘 어색하다. 무엇인가 부자연스럽다는 느낌을 갖는다.
이 말씀은 이렇게 끝내야 깔끔하고 자연스럽다. "내가 복음을
부끄러워하지 아니하노니 이 복음은 모든 믿는 자에게 구원을
주시는 하나님의 능력이 됨이라." 그런데 뒤에 사족처럼 어색
한 말씀이 붙는다. "먼저는 유대인에게요 그리고 헬라인에게로
다." 사도 바울은 왜 사족이라 할 수 있는 문장을 여기에 붙였을
까? 처음에 교회가 세워지고 그리스도인 디아스포라 성도들이
복음을 누구에게만 전했는지 아는가? 유대인에게만 전했다.
복음이 유대인에게만 전달된 것이다. 사도행전 11장 19-21절
을 보라.

"그때에 스데반의 일로 일어난 환난으로 말미암아 흩어진
자들이 베니게와 구브로와 안디옥까지 이르러 유대인에게
만 말씀을 전하는데 그중에 구브로와 구레네 몇 사람이 안
디옥에 이르러 헬라인에게도 말하여 주 예수를 전파하니 주
의 손이 그들과 함께하시매 수많은 사람들이 믿고 주께 돌

아오더라."

왜 그랬을까? 왜 유대인에게만 복음이 전해졌을까? 복음을
처음 들었던 유대인들이 가진 선민의식, 전통, 문화, 기득권 속
에서 그들은 이 복음을 다른 이방인들에게 전달할 생각을 하지
못했다. 그들이 가진 전통과 문화와 선민의식 그리고 기득권이
복음의 능력을 막은 것이다. 그러다가 그것을 깨뜨린 몇몇 사
람의 결단과 헌신, 포기가 있었는데, 그러한 결단과 헌신 속에
서 명실상부 복음이 능력으로 나타나면서 전 세계 가운데 복음
이 확장되기 시작한 것이다.

왜 지금 한국 교회 안에 복음의 능력이 나타나지 않는가? 왜
무엇인가 잘못되어 가는 것 같고 교회 안에서 여러 가지 문제
가 일어나는가? 생각해 보면, 한국 교회의 역사가 200년을 향
해 가면서 우리도 모르게 쌓인 우리만의 문화와 전통, 우리도
모르게 갖게 된 기득권이 교회 안에 존재하기 때문이다. 우리
는 교회 안에 오래 있었기에 잘 느끼거나 알지 못할 뿐이다.

구체적인 예를 들면 이런 것이다. 교인들이 교회에 새가족이
오는 것을 좋아할까, 싫어할까? 우리는 당연히 좋아할 것이라
고 생각한다. 오히려 싫어하면 이상하다고 여긴다. 하지만 교
인들은 새가족이 오는 것을 자신에게 피해가 오지 않을 때까지
만 좋아한다. 만일 새가족이 와서 열심히 섬겨 사람들에게 인

정받고 목사님께 칭찬받으며 주목을 받게 되면 대번에 이런 말이 들린다. "저 사람은 우리 교회에 온 지 얼마나 됐다고 저렇게 설쳐?" 이것이 우리도 모르게 갖게 된 기득권이다.

우리는 이것을 내려놓아야 한다. 지역 사회를 위해, 다음 세대를 위해 이 기득권을 포기할 결단이 있어야 한다. 이것을 내려놓고 포기할 때, 교회는 거기서부터 복음의 능력이 나타나고 복음의 확장이 일어나는 것이다.

교회 건축을 반대하는 사람들은 이런 말을 한다. "교회는 건물이 아니라, 예수 그리스도를 주라 고백한 사람들이 모인 모임이다. 그러므로 교회 건물은 필요 없다." 맞는 말이다. 교회는 건물이 아니다. 예수 그리스도를 주로 고백한 우리가 교회다. 그런데 이런 논리라면, 나는 이 말도 맞는다고 생각한다. "교회가 건물이 아니라 우리라면, 교회 건물을 좀 자유롭게 지어도 되는 것이 아닌가? 교회 건물을 예배나 성도만을 위해서가 아니라, 지역 주민과 불신자들 그리고 다음 세대를 위해 좀 더 자유롭게 지으면 어떨까?"

나는 우리 교회를 건축하면서 교회답지 않은 교회를 지으려고 애썼다. 모태 신앙으로 자란 나는 지금도 불상이 있는 절에 가면 너무나 마음이 불편하고 힘들다. 어떨 때는 심지어 토할 것 같은 느낌을 받는다. 기독교 문화 속에서 자란 나는 그렇다. 그렇다면 우리는 그 반대도 생각해 봐야 한다. 어릴 때부터 절에 다녔던 사람 입장에서 한번 생각해 보라. 우리는 교회 문화에 익숙해서 모르지만, 불신자들, 모태 때부터 다른 종교를 가지고 산 사람들이 교회에 온다면 어떨까? 내가 절에 가면 그렇듯, 그들도 교회에 오면 그럴 수 있음을 생각해야 한다. 우리는 교회 문화에 익숙하고 젖어 있어 불편함이 없지만, 다른 종교를 믿는 사람들, 예수 믿지 않는 사람들은 이 문화가 어색하고 불편할 수 있다. 그래서 나는 우리 교회를 그런 사람들이 와도 불편하지 않은 곳으로 만들고 싶었다. 교회 같지 않은 교회를 만들자고 결정했다.

나는 건축하기 전에 하나님께 이런 기도를 했다. "하나님, 교회 건축하면 담임목사가 다 욕먹는 시대인데, 왜 저에게 교회 건축을 시키십니까?" 그러자 하나님은 간단하게 이런 마음을 주셨다. "그렇다면, 네가 한번 욕 안 먹는 교회 건축을 해 봐라."

왜 교회를 건축하면 욕을 먹는가? 그 비싼 돈을 들여 지은 건물이 주일과 평일에 드리는 몇 시간의 예배 때만 사용하는 공간으로 전락하기 때문이다. 자기들을 위한, 자기들만의 성을 만드는 것이다. 그것이 지역과 아무 상관없이, 지역 주민에게 어떠한 혜택도 가지 않게 지어지다 보면 오히려 지역민에게 불편한 시설이 되고 만다.

한국 교회의 역사가 오래되면서 우리도 모르게 기득권이 생기게 되었고, 우리만의 문화가 만들어졌다. 교회의 모든 것이 성도들의 편의 중심으로 돌아가는 것을 보게 된다. 교회를 건축할 때의 요구 사항을 보라. '교사실을 만들어 달라. 찬양대 가운 보관실과 악보 보관실을 만들어 달라. 여전도회실, 남전도회실을 만들어 달라.' 주일에 몇 시간을 사용하기 위해 우리는 왜 그렇게 큰 비용을 들여 가성비 떨어지는 일을 해야 하는가? 우리는 그 기득권부터 내려놓아야 한다. 우리의 기득권을 철저히 내려놔야 진정으로 지역을 섬기고 다음 세대를 세울 수 있다.

교회는 복음이 이끌어 가야 한다. 복음이 능력이 되어야 한다. 그러기 위해서는 복음을 제외한 모든 것, 곧 우리 안에 쌓여져 왔던 기득권, 만들어진 문화, 가치 등을 다 내려놓고 도전해야 한다. 그럴 때 우리 안에 잃어버렸던 복음의 능력과 열매가 나타나게 될 것이다.

영혼 구원에 집중하라

복음이 능력이 되는 교회, 복음이 이끌어 가는 교회가 되려면 또한 영혼 구원, 곧 영혼을 살리는 것에 분명한 목적이 있어야 한다. 교회는 무엇을 하는 곳인가? 예배를 통해 하나님께 영광 돌리고, 예배 속에서 하나님이 주시는 은혜를 받고 세상에 나가 그것으로 영혼을 살리고 그들을 구원하는 것이다.

오늘날 한국 교회의 문제가 무엇인지 아는가? 이 중요한 두 가지를 점점 싫어한다는 것이다. 예배를 귀찮게 여기고, 전도를 하지 않는다. 한국 교회의 문제는 여기에서 시작되었다 해도 과언이 아니다.

한국 교회는 예배를 정말 사랑했다. 얼마나 사랑했으면 주일 오전에 예배드리는 것으로 부족해서 저녁에 예배를 만들어서 드리고, 주일에 두 번 예배드린 후에는 그 일주일을 못 기다려 중간에 한 번, 수요일에 또 예배를 만들어서 드리고, 그것도 아쉬워서 주일이 오기 바로 전인 금요일, 그것도 밤늦게까지 예배하고, 그것도 모자라서 어떻게 했는가? 매일 새벽에 예배하지 않았는가? 우리 믿음의 선조들은 그렇게 예배를 사랑했다. 예배드리고 싶어 견딜 수가 없었다. 나는 과거로 돌아가야 한다고 말하는 것이 아니다. 우리 안에 예배에 대한 마음을 돌아보자는 것이다.

또한, 한국 교회는 눈만 뜨면 전도했다. 나의 어머니는 교회 전도인 출신이시다. 예전에는 신학 공부는 안 했어도 교회에서 평신도 중에 열심히 전도한다고 세운 '전도인'이 있었다. 예전 한국 교회에는 이 전도인이 얼마나 많았는지 모른다. 그만큼 한국 교회는 자나 깨나 전도, 어떻게든 전도하려고 몸부림을 쳤다. 그런데 어느 순간부터 한국 교회에 전도가 사라졌다.

전도를 무식한 사람들이나 하는 것으로 여기고, 다 고상하게만 신앙생활하려고 한다. 무식한 전도가 싫으면 고상한 전도 방법을 찾아서 어떻게든 전도하려고 해야 하는데, 그것은 그저 전도하기 싫은 핑계일 뿐이다.

우리 교회를 다른 교회 건축물과 차별화를 두고 건축한 이유가 여기에 있다. 우리 지역의 영혼을 구원하기 위해, 우리 동네의 다음 세대 아이들에게 복음을 전하기 위해 어떤 몸부림이라도 치겠다는 도전이었다.

우리 교회에는 PC방이 있다. 우리 교회 PC방에서 인터넷, 게임을 하려면 반드시 성경 말씀 한 구절을 입력해야 한다. 그것이 컴퓨터 패스워드다. 그리고 한 시간 반 이상을 연속으로 할 수 없다. 한 시간 반 동안 게임을 하면 반드시 교회 다른 곳에서 한 시간을 보내고 와야 다시 할 수 있다. 그렇게 교회에 한 발, 한 발을 들였다가 예배의 자리, 복음의 자리로 온 아이들이 얼마나 많은지 아는가?

나는 우리 아이들에게 이렇게 말한다. "놀아도 교회에서 놀아라." 주중에 교회가 좋아서 오는 아이들은 주일에 교회에 안 올수 없다. 그러나 지금 한국 교회는 주일에만 교회에 오라고 하니 간신히 주일에만 오는 아이들이 만들어지고, 그러다 결국에는 주일에조차 오지 않게 된다.

나는 서울에서 남중, 남고를 나왔는데, 그 당시에는 또래 자매들을 버스에서나 볼까, 잘 볼 수가 없었다. 그래서 그때는 전도가 아주 쉬웠다. "야, 우리 교회에 예쁜 여자 많다." 이 한마디에 많은 아이가 교회에 왔고, 교회에서 복음을 들었고, 수련회 때 예수 그리스도를 만나 수많은 아이가 변화되었다.

내가 주일학교 때만 해도 교회가 제일 재미있었다. 집에 TV도 없고, 있어 봐야 흑백 TV일 때 교회에 가면 슬라이드 필름으로 만화도 보여 주고, 인형극도 하고, 연극도 하고 그랬었다. 무엇보다 문학의 밤을 기억하는가? 교회의 문학의 밤은 그 동네 청소년들의 분출구였다. 그러나 이제는 교회가 세상 뒤꽁무니만 쫓아간다. 전도하지 않는다. 세상을 향해 도전하지 않고 뒷걸음질하며 도망치면서 세상의 문화 앞에 겁만 먹고 있다. 물론 어떻게 교회가 세상보다 재미있을 수 있겠는가? 어떻게 이 자본주의로 무장한 세상에 맞서겠는가? 하지만 세상 문화 앞에 속수무책으로 끌려가는 아이들을 지켜만 보고 있을 것인가?

이슬람권 나라의 어느 도시를 가 봐도 사원이 그 동네의 중심 역할을 한다. 사원이 그들의 약속의 장소요, 교육의 장소요, 문화의 장소인 것이다. 그런데 왜 한국에는 동네마다 교회가 있는데 교회가 그 역할을 하지 못하는 것일까? 왜 그런 도전을 하지 않고 있을까? 우리 교회는 그래서 도전했다. 물론 아직 미숙하고 부족한 것이 많다. 그러나 나와 우리 교회는 멈추지 않을 것이다. 지역을 변화시키고, 영혼을 구원하고, 다음 세대를 살리는 일이 있다면 우리는 성경에 죄라고 명시되지 않은 모든 것을 해 볼 것이다.

하나님은 그렇게 인색한 분이 아니시다. 그렇게 깐깐한 분이 아니시다. 영혼을 구원하겠다고, 다음 세대를 복음의 자리로 어떻게든 이끌겠다고 하는 몸부림을 보고, "이것은 개혁주의가 아니다. 이것은 교회 전통하고 다르다. 이거 좀 너무 나간 것 아니냐? 지금까지는 이렇게 안 했다" 하고 판단하지 않으신다. 그 것은 다만 우리가 하는 말일 확률이 높다.

한국 교회가 어렵다. 청소년, 청년, 다음 세대들이 교회를 떠난다. 주일학교에 아이들이 없다는 이야기를 언제까지 반복하고 있을 것인가? 교회의 목적은 영혼을 살리는 것이어야 한다. 지역 사회에 하나님 나라가 임하게 하는 것이어야 한다. 이 분명한 목적을 향해 나아가는 교회가 바로 복음이 이끄는 교회, 복음이 능력이 되는 교회가 될 것이다.

2부

프로젝트를 시작하라: ___

익숙함을 벗고 변화로

1.
네가 한번
욕 안 먹는 건축을 해 봐라

요즘 교회는 성도들에게, 지역 주민들에게 건축 이야기를 꺼내기 어려운 환경이 되었다. 교회가 건축을 한다고 하면 성도들이 먼저 반대를 한다. 그리고 지역 주민들은 더더욱 교회 건축을 환영하지 않는다. 교회가 마치 혐오 시설이 되어 버린 느낌이다. 왜 이런 지경이 되었는가?

건축이냐, 매각이냐

나는 용인제일교회에 부임하자마자 교회 건축을 해야 하는 상황에 처했다. 원로목사님께서 퇴임하기 전에 5,000평의 교회 부지를 구매하고 건축 허가까지 받아 놓은 상황이었는데, 그만 건축의 여건이 되지 않아 보류하고 있는 상태였다. 나는 그런 사실을 모른 채 교회에 부임했다. 그런데 담임목사로 부임한 후 시에서 공문이 왔다. 언제까지 교회 건축을 하지 않으면 건축 허가를 취소한다는 내용이었다.

우리는 그곳에 건축을 할 것인지, 아니면 그 땅을 매각할 것인지를 결정해야 했다. 그래서 우선 그 땅을 살펴보기로 했다. 가서 보니, 원로목사님께서 미래를 내다보고 구입하셨지만 주변에 사람이 많이 살지 않는 곳이었다. 부임한 지 얼마 안 된 상태에서 그곳에 건축하는 것은 내게 큰 부담이었다. 그래서 원로목사님을 찾아갔다. "목사님, 목사님이 기도하고 사신 땅이니 목사님이 건축하셨다면 성도들이 다 따라왔을 것입니다. 하지만 부임한 지 얼마 안 된 제가 거기에 교회를 지으면 아무도 안 따라올 것 같습니다. 땅을 매각해야 할 것 같습니다." 원로목사님은 참 좋은 분이었고, 좋은 목회자였다. 이렇게 말씀하셨다. "이제 임 목사가 목회하는 것이니, 기도하면서 잘 결정하세요."

결국 우리 교회는 그 땅을 매각했다. 그런데 문제는 그 당시 예배당 건물이 너무 열악하다는 것이었다. 교인들은 계속 늘어가는데, 일단 엘리베이터가 없어서 어르신들이나 성도들의 이동이 너무 불편했다. 그리고 교회 화장실이 건물 외부에 있었는데, 그것도 변기가 세 개뿐이었다. 왜 예전에는 그런 인식이 있지 않았는가? 어떻게 더러운 화장실을 교회 본 건물에 두느냐고 말이다. 그래서 본 건물에는 화장실이 없었고, 성도들이 화장실을 이용하려면 밖으로 나가야만 했다.

어쨌든 어른 출석 성도 1,700명, 아이들까지 합하면 2,500명이 사용하는 교회 공간으로서는 너무나 열악한 환경이었다. 그래서 나는 당회에서 우리가 그 땅을 매각했으니 어느 시점이 되면 현재 건물을 리모델링하거나 약 1,200평 정도 되는 기존 교회 부지에 교회를 새로 건축해서 환경을 개선하겠다고 말씀드렸다. 그런데 5,000평 땅에 건축할 생각을 가지고 있다가 1,200평 땅에 건축을 하겠다는 목사가 마음에 안 들었는지, 장로님들이 돌아가며 땅을 소개하기 시작했다. 그때만 해도 용인시 처인구에는 땅이 많았고, 값도 지금에 비해 저렴했다. 그러나 다 마음에 안 들었고, 그렇게 큰 교회 건물을 짓는 것에 대해 부정적이었다. 그러던 중 현재 용인제일교회 글로리센터가 들어선 땅을 한 장로님께서 소개해 주셨는데, 그 땅은 내 마음을 뜨겁게 했다. 담임목사로 부임하기 전에는 청년 사역을 했었기에 명지대학교와 용인대학교가 직선거리로 1킬로미터 안에 있는 부지가 너무나 마음에 들었다. 게다가 2킬로미터 안에 용인시청이 위치하고 있었다.

그러나 땅 크기도 너무 컸고, 우리 교회로서는 감당이 안 되는 가격이었다. 하지만 이런 생각이 들었다. '교회를 짓는 것이 성도들의 편의를 개선하기 위한 것이라면 무슨 의미가 있을까? 무엇인가 미래를 위한, 지역 사회를 섬기기 위한 도전이어야 하지 않을까?' 그래서 건축을 결정해야 할 시점에 이런 기도를 드렸다. "하나님, 왜 저에게 교회 건축을 하게 하십니까? 요즘은 교회 건축을 하면 담임목사가 다 욕먹는 시대입니다. 왜 저를 욕먹게 하십니까?" 그때 하나님께서 답을 주셨다. "그렇다면, 네가 한번 욕 안 먹는 교회 건축을 해 봐라." 사실 우리가 늘 복잡하게 살아서 그렇지, 하나님은 심플하고 분명하신 분이다.

욕 안 먹는 교회 건축, START!

나는 스스로에게 이런 질문을 던져 보았다. '왜 교회는 건축할 때마다 욕을 먹을까?' 그 많은 비용을 들여 건축하는데, 대부분은 고작 주일과 평일에 드려지는 예배 몇 시간만을 위해 사용하는 공간이 되어 버리기 때문일 것이다. 지역 사회와 주민들하고는 아무 상관도 없는, 그들은 들어올 수 없는 우리만의 공간, 우리만의 성이 되어 버리고 말기 때문이다. 요즘 말로 하면 가성비가 너무 떨어지는 공간이 되고 만다.

　그래서 당회 장로님들과 성도들에게 이렇게 말씀드렸다. "우리 교회는 절대 우리만을 위한 공간을 만들지 않을 것입니다. 우리 교회의 모든 공간은 다음 세대와 지역 주민들을 위해 개방될 것이고, 우리 교회에 주일에만, 예배 때만 쓰는 공간은 없을 것입니다. 그래서 주중, 주일 복합 공간으로 교회를 짓겠습니다." 이것이 내가 생각하는 욕 안 먹는 건축이었다.

나는 그런 교회를 짓기 위해 설계를 시작했다. 그러면서 교인들의 기득권을 내려놓기 위해 교회 안에 건축위원회를 두지 않았다. 건축위원회라는 것은 교인들의 조직이고, 건축위원회를 두면 결국 교인들의 입김이 세게 작용할 수밖에 없어 교인들을 위한 교회 건물이 될 것이라 생각했다. 그래서 장로님들에게 교회 공간에 대한 내용은 외부에서 결정하고, 당회에서는 설계사, 시공사, 감리사, 각종 계약 건에 대해서만 결정한다고 말씀드렸다. 장로님들은 이를 흔쾌히 받아들이셨고, 교회 공간 내용을 정하기 위한 외부 팀이 만들어졌다. 설계사, 문화 사역자, 성신여대 서비스 디자인 공학과 교수, 뉴욕 건축가상을 수상한 건축가 그리고 담임목사가 한 팀이 되어 어떤 교회와 어떤 교회 공간을 지을지를 고민하고 결정했다.

그 과정에서 성신여대 학생들에게 프로젝트를 줬다. "용인제일교회를 짓는다면 어떻게 지을 것인가?" 네 팀이 참가했는데, 엄청난 것들이 나왔다. 그 팀 안에는 교회에 다니는 학생과 안 다니는 학생이 섞여 있었다. 젊은이와 교인이 아닌 시각으로 보는 교회는 우리가 생각하는 교회의 공간과 건물을 넘어섰다. 1등을 한 팀에게는 장학금을 주었는데, 장학금으로 지출한 비용보다 훨씬 더 큰 인사이트를 얻게 되었다.

거기서 얻은 인사이트 그리고 우리 교회가 위치하고 있는 용인이라는 지역을 연구하고 다음 세대에 대해 분석할 뿐만 아니라, 교인들 설문 조사를 통해 설계의 바탕이 되는 내용을 만들었다. 바로 주중, 주일 복합 공간에 대한 구상이었다. 교회의 공간을 예배 공간으로만 사용하는 것이 아니라, 다른 용도로 사용할 수 있도록 복합 공간을 구성했고, 시간적으로 일주일에 몇 시간만 사용할 수 있는 공간이 아니라, 매일 사용할 수 있는 공간을 구성했다. 그렇게 들어간 비용 대비 가성비가 좋은 공간을 만들려고 노력했다.

대부분의 교회가 성도들의 편의 시설과 예배 중심의 공간으로 지어진다. 물론 그 건축도 나름의 이유가 있을 것이니 그 타당성을 부정할 수만은 없다. 하지만 교회가 더 의미 있고 지역사회의 환영받는 건축이 되기 위해서는 성도나 예배만을 위한 공간이 아닌, 지역 주민들을 위한 공간, 더 많이 활용될 수 있는 공간으로 만들어져야 하지 않을까 생각했다. 그런 새로운 시도가 한국 교회 안에 필요하지 않을까 생각했고, 그것이 욕 안 먹는 건축을 위한 발걸음이라 여겼다.

나는 우리 교회가 교회 건축의 정답이라고는 절대 생각하지 않는다. 그러나 위기 가운데 있는 한국 교회에 무엇인가 새로운 도전, 살기 위한 몸부림을 보여 주고 싶었다. 어떻게든 지역사회와 소통하고 다음 세대와 연결하는 건축을 하고 싶었다.

그것이 실패로 끝날 수도 있을 거라 생각했다. 하지만 누군가 우리 교회의 실패를 딛고 한국 교회의 새로운 모델을 열어 간다면, 그것 자체로 우리 교회에게는 의미 있는 발걸음이 되리라 여겼다. 우리 교회의 도전은 그렇게 시작되었다.

2.
찬양대 연습실과
교사실이 없다고?

공간의 가성비

다 그렇진 않겠지만, 교회에서 가장 입김이 센 부서들이 있다. 대표적인 곳이 찬양대와 교육부다. 대부분의 교회에서 열심히 봉사하는 부서인 까닭이기도 하지만, 인원이 일단 많다. 우리 교회도 주중, 주일 복합 공간으로 교회를 설계하려고 할 때 이런 의견이 많았다. "교회 찬양대 연습실 좀 잘 만들어 주세요. 가운 보관실과 악보 보관장도 만들어 주세요." "교사 회의를 할 수 있는 교사실과 부서 집기를 보관할 수 있는 공간을 만들어 주세요."

생각해 보라. 찬양대 연습이나 교사 회의는 매일 하지 않는다. 주일에 그 몇 시간을 사용하기 위해 점용 공간을 만든다면, 그 공간은 일주일 내내 죽은 공간이 되어 가성비가 현저히 떨어질 수밖에 없다. 그래서 나는 이야기했다. "매일 찬양대 연습하고, 매일 교사 회의할 거라면 만들어 드릴게요."

대부분 교회의 찬양대 연습은 일주일에 몇 시간이다. 그렇다면 그 공간은 다른 공간과 연계해서 만들고, 거기에 연습할 수 있는 피아노를 놓으면 된다. 그래서 우리 교회는 방송 스튜디오를 찬양대 연습실로 사용한다. 평소에는 방송 녹화와 요즘 아이들이 많이 하는 유튜브 콘텐츠를 만드는 공간으로 사용하고, 주일에는 찬양대 연습실로 사용한다. 또 다른 찬양대 연습실은 각종 세미나나 강연 등을 할 수 있는 공간 안에 피아노를 갖다 놓았다. 악보와 가운 보관을 할 수 있는 가구는 그 공간에 없다. 그곳이 찬양대 전용 공간이 되지 않도록 하기 위해서다. 악보와 가운 보관장은 조금 불편해도 찬양대석으로 가는 보이지 않는 통로에 두었다. 그러고 나니 모든 공간이 죽은 공간이 아니라 살아 있는 공간이 되고, 주일에만 사용하는 공간이 아니라 평소에도 사용하는 가성비 좋은 공간이 되었다.

나는 교사들에게도 양해를 구했다. 교사실을 만들어 달라는 교사들의 요구를 받아들였다면 주중, 주일 복합 공간으로서의 교회를 만들지 못했을 것이다. 생각해 보라. 영아부, 유치부, 유년부, 초등부, 중등부, 고등부 등 도대체 몇 개의 교사실을 만들어야 하는가? 그렇게 다 만들다 보면 그 교사실은 결국 주일 몇 시간의 회의를 위해 사용될 수밖에 없는 가성비 떨어지는 죽은 공간일 수밖에 없다.

우리 교회에는 부서 점용 공간도, 교사 점용 공간도 없다. 우리 교회는 주일 예배가 끝나면 전혀 부서실답지 않은 공간으로 탈바꿈한다. 영아부실은 어린이 소극장이 되고, 유치부실은 댄스 연습실이 되고, 유년부실은 풋살장이 되고, 초등부실은 멀티 스튜디오가 되고, 소년부실은 체육관이 되고, 청소년부실은 대학로 소극장 같은 극장이 된다. 그리고 교사 회의는 카페에서, 식당에서, 세미나실에서 자유롭게 진행된다. 그것이 우리 교회의 건축 개념에 맞는다고 생각했다.

물론 성도들이 많이 불편하다. 그러나 그 불편을 감수할 때 교회는 지역 사회에, 다음 세대에게 다가갈 수 있다. 그것이 바로 우리의 기득권을 내려놓는 것이다. 기득권을 내려놓는다는 것은 불편을 감수하겠다는 용기요, 결단이다. 많은 교회가 지역 사회를 위한 교회, 다음 세대를 위한 교회라는 슬로건을 내건다. 하지만 실제로 그렇게 사용되고 활동하는 교회는 드물다. 왜냐하면 교회는 그 불편을 감수하려고 하지 않기 때문이다. 그러다 보니 그것이 구호로 그치는 경우가 많다.

교회가 지역 사회와 지역 주민들에게 다가가기 위해서는 성도들이 더 불편해져야 한다. 그것을 사명으로 여기고 기뻐해야 한다. 그럴 때 지역 사회는 그 교회를 다시 보게 될 것이고, 지역 주민들도 조금씩 교회로 발걸음을 옮기게 될 것이다. 그것이 복음을 향한 첫걸음이 될 때, 교회는 지역 사회를 섬기고 다음 세대를 세우는 교회로 발돋움하게 될 것이다.

3.
계약서대로 안 되는 현장

건축을 할 때는 수많은 계약을 한다. 설계 계약, 감리 계약, 시공 계약부터 시작해서 냉난방 계약, 조명, 영상, 음향 계약 등이다. 계약은 약속이다. 많은 업체가 교회 공사 계약을 따기 위해 많은 공을 들이고, 애를 쓰고, 본인들이 공사를 맡으면 열심히 잘하겠다는 이야기를 한다. 그래서 계약하기 전에 교회는 고민이 많다. 어떤 업체로 정할 것인가? 그 많은 업체 중 하나를 선택하는 입장에 서게 된다. 한마디로 계약서에 도장을 찍기 전까지 교회는 갑의 위치에 있다.

하지만 계약서에 도장을 찍는 순간 교회는 을이요, 약자가 된다. 물론 모든 업체가 그런 것은 아니지만, 공사를 하다 보면 물가가 인상되어 본인들이 예상하는 비용보다 많이 들기도 하고, 또 어떤 업체들은 일단 계약을 따기 위해 자신들이 할 수 없는 가격을 제시하기도 한다. 그러다 보면 계약서와 다른 초과 금액을 청구하게 된다. 계약서에 물가에 대한 규율을 정해서 어느 정도는 업체가 감수하고 물가가 너무 많이 오를 경우에는 보존한다는 계약이 있어도 무용지물일 때가 많다. 사실 교회 건축은 여유 있는 상황에서 하는 경우가 거의 없다. 그러다 보니 신뢰할 만하고 자본력이 좋은 큰 업체는 비용이 너무 비싼 관계로 교회는 비용 절감을 위해 위험 부담을 안고서라도 비용이 저렴한 곳과 계약을 하게 된다.

결국 업체는 공사를 하다가 여러 이유로 초과 비용을 더 달라고 하고, 교회는 계약대로 하자고 주장한다. 그러다가 그 입장이 대립해서 결국 업체가 공사를 중단하면 교회는 어떻게 손을 쓸 방법이 없다. 계약을 파기하거나 법적으로 가게 되면 몇 년이 걸리게 될지도 모르는 일이고, 그러면 교회는 정한 시간에 입당할 수 없게 되면서 더 많은 위험 부담을 안게 된다. 그렇다고 업체가 요구하는 금액을 다 지불할 수도 없으니, 교회는 이러지도 못하고 저러지도 못하는 진퇴양난에 빠지게 된다. 무엇보다 교회는 희생과 양보와 헌신을 말하는 곳이 아닌가? 그런 곳에서 업체와 다툼을 벌인다는 자체가 교회로서는 어려운 일이다. 그래서 교회는 계약서에 도장을 찍는 순간 약자가 된다.

때문에 교회는 건축과 관련한 계약서에 도장을 찍을 때 신중해야 한다. 단순히 금액적인 판단만으로 업체를 선정한다면 큰 문제에 직면하게 된다. 그것보다 더 중요한 것은 약속에 대한 신뢰다. 그 업체가 약속을 잘 지키는지에 대한 확인이 필요하다. 그러나 그것을 알아보는 것도 쉬운 일은 아니다. 약속을 지키고 싶지 않아서 안 지키는 것이 아니지 않은가? 상황이 그전보다 어려워지면 업체도 어쩔 수 없는 현실에 놓이기도 하고, 아무리 이전에 무리 없이 공사를 마무리한 업체였어도 그다음 공사에서는 계약대로 공사를 마무리하지 못할 수도 있다.

그래서 계약할 때, 특히 시공사와 계약할 때는 철저한 사전 조사가 필요하다. 그 업체에 대해 몇몇 공사 현장만을 살펴볼 것이 아니라, 그 업체의 모든 공사 현장과 완공한 현장들에 가서 과정과 상황 및 결과를 살피고 계약하는 것이 절대적으로 필요하다. 그것이 쉬운 일도 아니고, 그렇게 한다고 문제없이 공사가 마무리되는 것도 아니지만, 그런 과정을 반드시 거친 후에 계약해야 그나마 여러 가지 위험 요소를 배제할 수 있다.

교회 건축은 정말 쉽지 않은 과정이다. 건축이란 큰 비용이 오고 가는 과정이기 때문에 이권에 노출되기도 쉽다. 그러다 보니 그 모든 것을 투명하게 잘 관리해 나가기란 쉬운 일이 아니다. 그래서 교회 건축은 만남의 복이 있어야 한다. 정말 하나님의 은혜가 필요하다.

마태복음 10장 16절은 이렇게 말씀한다.

"보라 내가 너희를 보냄이 양을 이리 가운데로 보냄과 같
도다 그러므로 너희는 뱀같이 지혜롭고 비둘기같이 순결
하라."

뱀같이 지혜롭고 비둘기같이 순결하게 모든 일을 처리하지
않으면 언제, 어떤 위험이 닥칠지 모른다. 그래서 교회 건축은
기도로 시작해서 기도로 마무리해야 한다. 결국 교회 건축은
하나님의 도우심과 함께하심이 필요한 작업이다.

4.
죄짓는 것이 아니라면
과감히 도전하라

본당에 대형 LED를 설치하다

우리 교회가 본당의 개념으로 사용하고 있는 글로리채플에는 1,100인치 LED 화면이 전면을 채우고 있다. 글로리채플에 들어오면 LED 화면으로 인해 마치 교회에 들어왔다는 느낌보다는 영화관이나 공연장에 들어온 것 같은 느낌을 받게 된다.

LED 화면을 설치하면서 고민이 많았다. 많은 교회가 본당에 LED 화면을 설치해서 사용하는데, 어떤 교회는 양옆에 두 화면을 두기도 하고, 어떤 교회는 한 화면을 아주 길게 강단 중간에 두기도 한다. 그것이 교회 건축을 거의 완공해 가는 시점에는 일반적인 형태였다.

나는 목회자로서 LED 화면을 어떻게 해야 할지 고민이 되었다. 우리 교회는 다른 교회들이 하지 않는 것을 하고 싶었다. 그런데 그것을 어떻게 해야 할지 감이 잘 오지 않았다. 미국에 있는 앞서간 교회들도 보고, 중국 LED 회사까지 찾아가서 이런저런 검토를 했지만 마음에 다가오지 않았다.

그러던 어느 날, 세종문화회관에서 하는 광복절 기념식을 TV로 우연히 보게 되었다. 세종문화회관 전면에 LED 화면을 설치하고 거기에서 국민의례를 하는데, 국기에 대한 경례가 있었다. 그 전체 화면에 태극기가 휘날리는 것을 보며 사람들이 애국가를 부르는데, 나도 모르게 가슴이 뜨거워졌다.

이거다 싶은 마음에 유튜브를 통해 일반 공연에서 LED를 그렇게 사용하는 경우를 찾아보기 시작했다. 그러던 중 한 외국 록 밴드 공연 영상에서 한 가수가 길에 관한 노래를 부를 때 LED 배경에 광야가 펼쳐지고 한가운데 길이 그려지는 화면을 보게 되었는데, 너무 아름다웠다. 나는 우리 교회도 그렇게 해야겠다고 마음먹었다. 하지만 그전까지 그렇게 한 교회는 없었다. 교회 본당으로 사용하는 공간을, 그것도 예배 때 쓰는 공간을 그렇게 만드는 경우는 조사하니 어디에도 없었다. 그러고 나니 고민이 생겼다. '이렇게 하는 것이 맞을까? 이렇게 해도 될까?' 그러면서 이런 생각이 들었다. '우리 교회 인테리어를 영상으로 매일 바꾸면 좋겠다. 그러면 때마다 교체하는 수많은 플래카드는 더 이상 안 만들어도 되잖아?' 그 모든 것을 화면으로 표현할 수 있기 때문이다. 그러면 환경에도 좋은 것이 아닌가? 그리고 LED를 양옆으로 하거나 가운데 길게 하는 것은 되고 전체를 하는 것은 잘못되었다는 논리도 맞지 않는다는 생각이 들어 한번 해 보자는 생각을 했다.

그러나 비용이 문제였다. 그 문제를 해결하기 위해 한국의 한 업체를 선정해서 그 업체하고는 AS 계약만 하고 중국 회사와 직접 계약해 LED를 들여와 설치했다. 생소했다. 분위기가 전혀 달랐다. 찬양 때마다 다양한 화면을 구성하고, 순서마다 다채롭게 영상을 활용해서 예배를 드리니 성도들이 낯설어하기도 하고, 어떤 성도는 화면이 너무 커서 앞에 있으면 어지럽다는 이야기도 했다. 나는 설득에 들어갔다. "우리 교회는 다음 세대를 위해 지어진 공간이 아닙니까? 사실 저도 어지럽습니다. 불편합니다. 그런데 우리 젊은 세대들은 이것이 훨씬 좋다고 합니다. 편하고 신선하다고 합니다. 여러분은 여러분이 잘되기를 바라십니까, 아니면 자녀들이 더 잘되기를 바라십니까? 자녀들이 더 잘될 때 기쁘지 않습니까? 이 좋은 교회 공간에 우리만 있고 아이들은 없는 현실을 생각해 보세요. 우리, 아이들이 훨씬 더 많은 교회로 만들어 갑시다. 그러기 위해, 우리 한번 이런 도전도 해 봐야 하지 않겠습니까?"

우리 교회가 LED 화면을 설치할 당시 고정 LED로서는 대한민국 최대 크기였다. 우리 교회는 거기서 최고의 영상, 조명, 음향으로 하나님께 예배하고, 예배가 끝나면 그 큰 화면을 통해 영화를 보기도 하고, 다채로운 영상으로 공연, 패션쇼, 심지어 월드컵 축구 응원까지 하고 있다.

고정된 생각의 틀을 깨라

이것을 보고 누구는 이렇게 말할 수도 있다. "이게 무슨 교회냐? 교회가 그래도 되냐?" 나는 이렇게 묻고 싶다. "교회는 건물이 아니라 우리라면서요? 그러면 교회 건물은 불신자들을 위해, 다음 세대를 전도하고 구원하기 위해 이런 파격적인 도전을 해도 되는 것 아닙니까?"

물론 나는 우리 교회가 정답이라고 생각하지 않는다. 그리고 그게 정답일 수도 없다. 다만 우리 교회는 몸부림치고 있는 것이다. 어떻게든 지역 사회와 소통하고 다음 세대를 교회 안으로, 복음 안으로 들어오게 하기 위해 몸부림을 치고 있는 것이다. 이것은 그것을 위한 하나의 도전, 시도일 뿐이다.

앞에서도 언급했지만, 우리 교회 안에는 PC방이 있다. 교회에서 무슨 컴퓨터 게임을 하느냐고 말하는 사람이 있을 수 있다. 그러나 그렇게 교회에 발을 담그고 점점 교회와 가까워져 예배의 자리까지 온 아이들이 얼마나 많은지 아는가? 우리는 교회를 건축하고 유년, 초등부로 구성되어 있던 주일학교 부서를 유년 1, 2부(1-2학년), 초등 1, 2부(3-4학년), 소년 1, 2부(5-6학년)로 나누게 되었다. 거기에 PC방의 역할이 컸다고 나는 감히 말하고 싶다.

나는 어떻게든 다음 세대를 교회로 데리고 와 그들에게 복음을 전하고 싶었다. 성경이 죄라고 말하지 않는 한에서 다 하고 싶었고, 앞으로도 할 것이다. 그게 맞는 것인지, 아닌지 우리는 지금 실험 중이고 도전 중이다. 그것이 부작용을 야기할 수도 있을 것이다. 그러면 반성하고 다시 새로운 길을 만들면 된다.

세상에 빼앗긴 다음 세대 아이들을 복음의 자리, 예배의 자리, 구원의 자리로 이끌기 위해 어쩌면 우리에게 더 과감한 도전이 필요할지 모른다. 두려워하지 말고, 영혼을 사랑하는 마음으로 성경이 죄라고 말하지 않는 한에서 도전해 보자. 거기서 우리는 다음 세대를 위한 새로운 영혼 전도의 돌파구를 찾을 수 있을 것이라고 생각한다.

5.
한 청년의 목숨

교회 건축을 마친 후 코로나19 팬데믹 상황에서도 한국 교회의 현실과는 다르게 우리 교회는 나름 외적으로 성장의 길을 가고 있었다. 그러던 2021년 11월 어느 날, 경기도 용인시 김량장역에서 한 청년이 극단적 선택을 했다. 코로나19 사태의 장기화로 취업은 어려워지고, 사람들과 단절된 고독한 삶이 그를 벼랑 끝으로 내몰았다. 나는 그 뉴스에 큰 충격을 받았다. 그 청년의 죽음이 충격이기도 했지만, 그 청년이 극단적 선택을 한 김량장역은 우리 교회에서 2킬로미터 남짓 떨어진 아주 가까운 곳에 위치하고 있기 때문이다.

그때 우리 교회는 건축으로 인해 크고 좋은 건물을 가지고 있었고, 코로나임에도 불구하고 많은 사람이 찾아와 외형적으로 점점 성장하고 있었다. 그러나 나는 자괴감이 들었다. 교회 건물도 좋고 외형적으로 성장하고 있어도 바로 옆에 있는 이웃이, 다음 세대 청년이 삶의 끝자락에 내몰리는 상황에서 교회가 그의 기댈 곳이 되어 주지 못한다면 어떻게 참다운 교회라고 할 수 있을까 하는 생각이 들었다. 마치 그의 죽음이 우리 교회의 책임처럼 느껴졌다. 그러면서 나는 교회에 대해 다시 생각하게 되었다.

교회는 어떤 곳이어야 하는가

교회는 생명을 살리는 곳이어야 한다. 그 생명을 살리라고 세우신 곳이 교회다. 육체가 살아 있어야 그들에게 복음을 전할 기회도 생기고 그들의 영혼을 살릴 수도 있다. 하지만 교회는 점점 그 사명에서 멀어져만 가고 있다는 생각이 든다.

우리나라가 OECD 회원국 자살률 1위라는 것이 새삼스럽지 않은 일이 되었다. 우리 주변의 많은 사람이 스스로 목숨을 끊지만, 교회는 속수무책으로 그 모든 일을 우리와는 상관없는, 뉴스에나 나오는 일로 받아들이고 있다. 지금도 우리 주변에는 여러 가지 이유로 자신을 삶의 벼랑 끝으로 내모는 이들이 많다. 자신의 잘못에 대한 너무 큰 죄책감으로 누군가는 자살을 생각한다. 씻을 수 없는 잘못과 과오 그리고 그에 대한 치욕, 사람들의 시선, 판단, 비판이 두려워 자신을 고립시키고, 점점 삶에서 도망쳐 살아야 하나, 죽어야 하나를 결정하는 순간까지 간다. 그들에게 복음이 필요한 것이 아닌가? 그래서 예수님이 오신 것이 아닌가? 자신의 죄와 잘못을 스스로 해결할 수 없어 자책하고, 사람들의 시선과 판단이 무서워 전전긍긍하는 자에게 복음이 필요한 것이 아닌가? 로마서 8장 1-2절은 우리에게 이렇게 말씀한다.

"그러므로 이제 그리스도 예수 안에 있는 자에게는 결코 정 죄함이 없나니 이는 그리스도 예수 안에 있는 생명의 성령 의 법이 죄와 사망의 법에서 너를 해방하였음이라."

예수님께서 그들의 죄를 위해 이 땅에 오셨고, 그 죄를 십자가에서 모두 담당해 죽으셨기에 그 모든 죄가 완전히 해결되어 이제 예수 그리스도를 믿으면 모든 정죄함이, 모든 사망의 법이 해결됨을 그들에게 알려 주어야 하지 않는가? 그러나 이 복음의 메시지는 교회 안에서만 들리고, 정작 그 메시지가 꼭 필요한 사람들에게는 들리지 않고 있다. 그리고 또 하나, 정말 한국 교회의 성도들은 그리스도 예수 안에 있는 자에게는 결코 정죄함이 없음을 믿고 있는가? 예수 안에 있으면 생명의 성령의 법이 죄와 사망의 법에서 해방함을 믿고 있는가? 그런데 왜 우리는 사회적으로 비난받고, 죄짓고, 아파하는 그들이 교회에 왔을 때 사회와 똑같은 시선과 잣대로 그들을 판단하고, 정죄하고, 그들이 변화되었음을 인정하지 않는가? 물론 죄를 저지른 후 교회를 신분 세탁의 도구로 이용해서 자신을 포장하려는 이들이 있다. 그런 경우라면 경계하는 것이 맞다. 하지만 그런 몇몇 사람 때문에 복음의 절대 가치, 우리가 정말 놓치지 말아야 하는 절대적 복음의 메시지를 우리 스스로 포기하고 있는 것은 아닌지 돌아봐야 한다.

청년부 사역을 시작하고 얼마 안 되어 한 청년이 나를 찾아왔다. 군대에서 예수 그리스도를 뜨겁게 만나고 변화되어 이제는 영혼을 섬기는 사역을 하고 싶다는 것이었다. 그러면서 자신을 청년부 간사로 세워 달라고 부탁했다. 그 당시 청년부 간사는 사역자만큼 일을 해야 하는 자리였고, 그만큼 청년들이 존경하고 따르는 위치에 선 사람이어야 했다. 나는 그와 대화하면서 그의 말과 행동, 그의 태도를 보고 그를 간사로 세워야겠다고 생각했다. 그래서 간사 회의에 그 안건을 올렸다. 그때 청년부 간사 몇 명이 이런 이야기를 했다. "목사님, 그 청년이 군대에 가기 전에 어떻게 했는데요. 그리고 군대에 가기 전에 자매들을 얼마나 울렸는데요." 나는 그때 이렇게 말했다. "그 청년이 군대에 가기 전에는 어땠는지 모르지만, 이야기를 나눠 보니 군대에서 정말 복음을 경험하고 바뀐 것을 느낄 수 있었습니다. 복음은 사람을 바꿉니다. 그리고 우리는 그것을 믿고 받아 줘야 합니다. 그것이 교회입니다. 만일 교회가 믿고 받아들여 주지 않는다면, 그것은 교회가 아니라 그냥 사회입니다."

결국 그 청년은 청년부 간사가 되었다. 사람들의 판단이나 시선으로는 절대 청년부 간사가 될 수 없었는데, 내가 자신의 변화를 믿어 줘서 간사가 되었다는 것을 알고는 더 열심히 영혼을 섬기며 자신과 같았던 아이들을 품고 열정적으로 전도하는 것을 보았다. 결국 그 청년은 한 영혼이 아니라 대한민국의 청년 및 다음 세대를 품는 일을 하고 싶다는 비전을 갖게 되었고, 그 일에 모든 것을 쏟았다. 그가 지금 대한민국 CCM과 교회 문화를 새롭게 이끄는 제이어스 미니스트리(J-US Ministry)의 김준영 대표다.

얼마나 많은 정치인, 연예인, 기업인, 그 외의 수많은 사람이 자신이 저질렀던 과거의 잘못으로 사회적 지탄을 받고, 그 비난을 견디지 못해 목숨을 끊는가? 교회는 그들을 위해 지금 무엇을 하고 있는가? 그들을 살릴 복음을 가지고 있는가? 그들에게 그 복음의 메시지를 전달하려고 몸부림치고 있는가? 다시 한 번 말하지만, 교회는 생명을 살리는 곳이다. 그것이 교회의 사명이다. 그 사명을 위해 교회는 무엇이든 해야 한다. 그것이 교회다.

재정의 문제, 관계의 문제, 미래의 문제로 인해 삶의 벼랑 끝으로 내몰리는 사람이 우리 주변에 얼마나 많은가? 사도행전

3장 6절에서 베드로는 이렇게 말한다.

> "은과 금은 내게 없거니와 내게 있는 이것을 네게 주노니 나
> 사렛 예수 그리스도의 이름으로 일어나 걸으라."

우리가 그들의 모든 문제를 해결해 줄 수는 없다. 하지만 우리는 그들에게 다가가야 한다. 어떻게든 그들이 그 문제로 절망하지 않도록, 자신의 생명을 포기하지 않도록 그들 곁에 있어야 한다. 그것이 교회다. 그리고 교회는 그런 자들이 찾을 수 있는 곳이어야 한다. 그러나 한국 교회는 그들의 곁에서 점점 멀어지고 있다. 교회는 그들의 곁을 지켜 주지 못하고, 그들도 더 이상 교회를 그들의 기댈 곳으로 여기지 않는다.

지역 사회를 섬기기 위한 도전

나는 한 지역 교회의 담임목사로서 같은 지역에 살고 있던 한 청년의 죽음을 통해 처절한 반성과 회개를 했다. 교회 건물이 아무리 좋아지고 외형적으로 커진다 해도 교회가 주변을 살피고 소외된 이들을 돌아보지 않는 이상 참된 교회의 사명을 놓치고 있는 것이라는 사실을 직시했다. 그래서 무엇이라도 해

야겠다는 생각에 작은 일, 우리 교회가 할 수 있는 일부터 시작하자고 다짐했다.

최소한 이런 바람이나 목표는 교회의 모든 구성원이 함께 가져야 한다는 생각을 했다. 그래서 성도들과 함께 섬김의 범위를 정했다. '우리 교회 반경 십 리(약 4.5킬로미터) 안에는 절대 스스로 목숨을 끊는 사람이 없게 해야 한다. 우리 교회 반경 십 리 안에는 최소한 굶는 사람이 없어야 한다. 우리 교회 반경 십 리 안에는 절대 난방비, 가스비, 수도비, 기름이 없어서 최소 생계를 영위하지 못하는 사람이 없어야 한다.' 우리는 이렇게 목표를 정하고, 이게 되지 않을지라도 무엇인가는 해 봐야겠다는 생각을 가지고 구체적인 계획을 세워 나갔다. 왜인지 아는가? 그게 교회의 사명이고, 교회는 그 일을 해야 하는 곳이기 때문이다. 그렇게 해서 시작한 것이 '십리프로젝트'다.

6.
십리프로젝트

사람들은 아프면 병원에 간다. 그리고 병원에 가면 자신의 병이 나을 것이라 기대한다. 삶이 정말 힘든 사람들이 있다. 삶의 여러 가지 문제로 아파하고 힘들어하고 고통스러워하는 사람들이 있다. 그런 사람들은 자신도 모르게 죽고 싶다는 생각을 갖는다. 삶의 벼랑 끝에 몰려 생의 끈을 놓을 수밖에 없는 사람들이 이 시대에는 참으로 많다.

그런 사람들이 그 마음을 먹기까지의 과정을 생각해 보라. 죽고 싶어 죽는 사람은 없다. 어쩔 수 없는 상황에 내몰려 극단적인 생각까지 하게 되는 것이다. 마음이 아프고, 삶이 병들고, 영혼이 절망으로 빠져든다. 그때 그들이 찾아야 할 곳은 어디인가? 나는 그것이 교회여야 한다고 생각한다. 왜 그런가? 교회는 생명을 살리고 영혼을 구원하는 곳이기 때문이다. 그러나 대한민국 곳곳에 수많은 교회가 있지만, 교회를 그렇게 여기고 생각하는 사람은 없다. 그래서 그런 문제가 있을 때 아무도 교회를 찾지 않는다.

십리프로젝트를 시작하다

앞에서 언급했듯이, 우리 교회에서 2킬로미터도 채 안 되는 곳에 위치한 전철역에서 한 청년이 몸을 던져 스스로 목숨을 끊었다는 소식을 들었다. 코로나19 팬데믹으로 인해 취업의 길은 막히고, 미래는 보이지 않았다. 무엇보다 그런 그가 기댈 곳이 없었다. 가까이에 우리 교회가 있었지만, 그에게 교회는 기댈 곳이 아니었다. 나는 그것에 충격을 받았다. 그리고 우리 교회가 무엇인가 잘못 가고 있다는 생각이 들었다. 교회는 무엇을 하는 곳인가? 생명을 살리고 영혼을 구원하는 곳이 아닌가? 그래서 무엇이라도 해야겠다는 결단을 하고 시작한 것이 '십리프로젝트'다. 십리프로젝트는 경주 최부자로 알려진 분의 가문에 내려오는 가훈을 착안해서 만든 것이다. 그분의 가훈 중에 이런 내용이 있다. '사방 백 리 안에 굶어 죽는 사람이 없게 하라.'

백 리면 45킬로미터다. 옛날 농사지을 때는 사람들이 띄엄띄엄 살아서 45킬로미터 안이라고 해도 얼마 안 되었지만, 지금은 우리 교회 주변만 봐도 엄청나게 많은 사람이 살고 있다. 거기까지 책임지는 것은 과욕일 것 같아서 교회 주변 사방 십 리, 4.5킬로미터는 우리 교회가 책임져야 하지 않을까 하는 생각에 십리프로젝트라고 명명했다. 그러면서 구체적으로 '우리 교회 반경 십 리 안에는 스스로 목숨을 끊는 사람이 없게 하자(생명사랑). 또한 우리 교회 반경 십 리 안에는 끼니를 걱정하고 굶는 사람이 없게 하자(사랑나눔). 그리고 우리 교회 반경 십 리 안에는 단수, 단전, 단방으로 인해 벼랑 끝으로 삶이 몰리는 사람이 없게 하자(소망지원)'는 내용을 정했다. 이것이 바로 십리프로젝트다.

생명사랑

우리 교회에는 스스로 목숨을 끊으려고 하는 이들을 위한 전담 전화(1855-4620)가 설치되어 있다. 물론 그런 이들을 대상으로 하는 전화 상담은 많은 곳에서 하고 있다. 그러나 우리는 전담 전화를 두고 부목사들이 매일 전화 당직을 선다. 하루씩 돌아가면서 전화 착신을 해서 받는 것이다. 그리고 그들이 전화하면 단순히 상담만 하는 것이 아니라, 직접 만나러 찾아간다. 가서 밥을 먹거나 차를 마시는 등 몇 시간이라도 같이 있으면서 극단적인 생각을 잠재울 수 있도록 함께해 준다. 교회가 최소 십 리 정도는 책임지자는 생각에 '생명사랑'의 일을 시작했다.

사랑나눔

우리는 또한 교회 안에 사랑 나눔 냉장고(공유 냉장고)를 설치했다. 성도들이 집에서 반찬이나 과일을 공유 냉장고에 가져다 놓으면 그것을 주변에 있는 어려운 이웃들, 외지에 홀로 와 있는 학생들, 일하러 온 청년들, 외국인 노동자들, 유학생들, 끼니를 걱정하는 어르신 및 아이들이 필요에 따라 가져가서 나누어 먹는 것이다. 우리 교회 성도들은 마트에 가서 쌀을 살 때 한 포대가 아니라 두 포대를 사는 경우가 많다. 한 포대는 자신이 먹고, 한 포대는 교회에 기증하는 것이다. 그러면 그 쌀을 사랑나눔 팀에서 일주일 동안 먹을 분량만큼씩 포장을 해서 나눔 창고에 둔다. 라면이나 반찬도 마찬가지다. 성도들이 교회에 가져다 놓으면 사랑나눔 팀이 그것을 잘 분류하고 포장해서 한 주 먹을 분량으로 나누어 둔다. 그래서 먹을 것이 없어 힘들어하는 사람이라면 누구나 가지고 갈 수 있도록 지원하고, 5킬로미터 안에 있는 행정복지센터와 연결해서 거동이 불편하거나 꼭 도와줘야 하는 이들은 사랑나눔 팀에서 배달을 하기도 한다. 이것이 바로 '사랑나눔' 사역이다.

소망지원

마지막으로 '소망지원' 사역은 우리 교회 반경 십 리 안에 전기나 수도, 도시가스가 끊겨져 생활이 불편한 이들을 대상으로 최소한 한 번은 그것을 연결해 주는 사역이다. 그 정도는 우리가 할 수 있는 일이라고 생각했다.

심리프로젝트는 그냥 되는 것이 아니다. 봉사하는 사람이 많이 필요하다. 그런데 감사하게도 많은 성도가 자발적으로 참여해서 이 사역에 귀하게 동참하고 있고, 지역의 많은 사람이 좋아하고 있으며, 무엇보다도 관공서에서 적극적으로 도우며 협력하고 있다.

하나님은 절대 부에 대해 정죄하지 않으신다. 하나님은 우리가 풍요롭게 살기를 원하신다. 그러나 하나님은 그런 사람들에게 소외된 사람들, 어려운 사람들이 먹을 것이 없거나 외롭고 힘들어 절망하지 않도록 은혜를 나누어 주라고 명하신다. 은혜는 다시 기회를 주는 것이다. 다시 기회를 얻게 되는 것이 은혜다. 그러나 그들이 스스로 목숨을 끊거나 굶어서 잘못되면, 우리가 아무리 그들에게 은혜를 전하고 싶어도 전해 줄 수가 없다. 그들이 최소한의 소망의 끈을 붙들 수 있도록 우리가 관심을 갖고 일해야 한다.

하나님은 상한 갈대를 꺾거나 꺼져 가는 등불을 끄지 않으신다. 상한 갈대는 꺾는 것이 편하다. 꺼져 가는 심지는 불어서 꺼뜨리고 다른 심지를 가져다가 켜야 불이 환해진다. 그러나 하나님은 그런 분이 아니시다. 하나님은 상한 갈대에도 다시 기회를 주신다. 꺼져 가는 등불도 그냥 끄지 않고 그 심지를 사용해서 다시 성령의 불을 붙이시는 분이 우리 하나님이시다.

우리 주변에, 교회 가까이에 꺼져 가는 등불이 있다. 상한 갈대가 있다. 하나님은 우리에게 그들에게 다가가라고 명하신다. 그들에게 다시 기회를 주라고 말씀하신다. 좌절과 절망으로 아파하고, 괴로워하고, 고통스러워하고, 죽고 싶어 하는 사람들에게 다가가 최소한의 것들을 함께 나누며 그들에게 하나님의 은혜를 전하라고 하신다. 다시 기회가 있다고, 다시 할 수 있다고, 다시 살아야 한다고 말하며 그들을 하나님의 은혜로 이끄는 곳이 교회여야 한다. 하나님은 그것을 분명 기뻐하실 것이다.

7.
한 사람, 한 교회

우리가 전도하며 복음을 설명할 때 사람들을 설득하기 어려운
내용이 있다. 그것은 바로 "당신은 죄인입니다"라는 것이다.
자신이 죄인임을 인정해야 예수 그리스도가 필요하고 구원을
받아야 한다는 사실을 깨닫게 되는데, 그 죄인 됨을 설명하기
가 참 어렵다. 그렇지 않은가? 자신이 죄인이라는 말을 듣고
좋아할 사람이 어디 있겠는가?

그런데 더 어려운 것은, 다른 사람 때문에 죄인이 되었다는
성경의 원리를 설명해야 하는 경우다. 아담의 죄로 인해 우리
가운데 죄가 들어왔다는 원죄 말이다. 그렇기 때문에 전도는
우리가 전하는 말과 함께 성령의 역사가 있어야 한다. 사람들
이 받아들이지 못할 내용인 것 같은데, 성령의 역사가 있으면
그 말에 사람들이 깨어진다.

어려운 것 같지만 간단한 예로 증명할 수 있다. 모든 부모는

자녀들이 공부 잘하는 아이와 어울렸으면 좋겠다고 생각한다. 어떤 부모도 자녀들이 나쁜 친구들과 어울리기를 바라지 않는다. 왜 그럴까? 공부 잘하는 아이와 자주 만나고 어울리고 친해지면 그 아이의 영향을 받아 자녀들도 공부를 잘할 것이라 생각하기 때문이다. 반대로 나쁜 친구들과 어울리면 자녀들도 그 아이들의 영향을 받아 나쁜 길로 갈 거라고 생각하는 것이다.

한 사람의 영향력

아담이 지은 죄의 영향력이 세상 가운데 들어와 이 세상과 인간이 죄로 오염되었다는 것은 우리가 이 세상을 보는 시각으로 본다 해도 이해하기 어려운 것이 아니다. 인간이 성경을 이해하지 않으려고 작정해서 그렇지, 성경이 말이 안 되는 이야기를 하는 것이 아니다.

성경은 분명히 말씀한다. 아담의 죄로 말미암아 모든 인류는 죄의 영향력 아래 있게 되었고 그로 인해 멸망 가운데 빠지게 되었다고 말이다. 그러나 그 말에 너무 억울해하고, 화내고, 힘들어할 필요는 없다. 왜 그런가? 우리는 한 사람 아담으로 말미암아 죄인이 되었지만, 또한 한 사람 예수 그리스도로 말미암아 죄의 문제를 해결 받고 구원과 생명을 얻게 되었기 때문이다.

문제는 누구의 영향력 가운데 들어가느냐다. 그냥 아담의 영향력 아래 살 것인지, 아니면 예수 그리스도의 영향력 아래 살 것인지가 우리의 인생을 좌우한다. 우리가 태어나서 육신적으로만 살아간다면 아담의 영향력 아래 있는 것이다. 인류의 조상이 아담이기에 그렇다. 그러나 예수 그리스도를 만나 그분의 구원을 인정하면, 우리의 삶은 변화된다.

독일의 독재자였던 히틀러(Adolf Hitler)가 죽인 유대인만 600만 명이다. 그가 전쟁을 일으켜서 죽은 사람까지 합치면 제2차 세계대전 때 소련 측 사망자만 2,700만 명이라고 하니, 죽은 독일군, 다른 나라의 군인까지 합치면 히틀러 한 사람 때문에 대한민국 인구수만큼 죽어 나간 것이다. 얼마나 무시무시한 이야기인가? 한 사람의 영향력이 이렇게 무서운 것이다.

세계 최대 나라로 불리는 미국에서 20년 연속 부자 1위를 한 사람이 빌 게이츠(Bill Gates)다. 현 재산만 약 750억 달러, 우리나라 돈으로 78조 원 정도다. 그런데 그가 돈만 많이 버는 사람은 아니다. 그는 기부를 많이 하는 사람으로도 유명한데, 그가 지금까지 기부한 액수만 약 250억 달러, 우리나라 돈으로 28조 원 정도가 된다고 한다.

그는 특별히 아프리카에 있는 저개발 국가의 아이들이 예방접종을 못 해서 질병으로 죽어 가는 것을 안타깝게 생각해 그가 세운 재단을 통해 많은 돈을 사용한다고 한다. 그로 인해 죽어 가는 많은 아이들이 새로운 삶을 얻고 있는 것이다. 지금까지 빌 게이츠가 낸 기부금을 통해 아마도 히틀러가 죽인 숫자만큼의 아이들이 예방 접종을 받고 새로운 삶을 얻었을 것이다. 그의 꿈은 전 세계 아이들이 무료로 예방 접종을 받는 것이라고 한다. 정말 원대하고 멋진 꿈이지 않은가?

기독교 역사에도 한 사람의 영향력이 얼마나 큰지를 알 수 있는 여러 이야기가 전해진다. 1858년, 보스턴에 있는 한 주일학교 교사였던 킴벌(E. Kimbal)은 구두 가게에서 일하는 자기 반 학생을 직접 방문해서 성경 공부를 시켰다. 교회에 나오지 않는 아이를 복음의 열정으로 전도한 것이다. 그 학생이 후일 세계적인 복음 전도자가 된 D. L. 무디(Moody)다. 무디 한 사람을 통해 우리는 미국에 영적 각성, 대부흥이 일어났다는 것을 기억한다. 미국의 수많은 영혼을 변화시키고 살린 것은 다른 것이 아니라, 주일학교 교사였던 킴벌 한 사람의 작은 영향력에서 시작된 것이다.

세월이 흘러 무디의 영향을 받은 빌리 선데이(Billy Sunday)라는 전도자가 강사로 초빙되어 샬럿에서 3주간 집회를 열었다. 그런데 그 결과는 너무 실망스러웠다. 3주 동안 그렇게 열심히 복음을 전했는데, 결신자는 딱 한 사람뿐이었다. 그것도 열두 살짜리 소년 한 명. 얼마나 실망스러운 결과인가? 얼마나 허탈했겠는가? 그러나 그것은 인간적인 생각이고, 하나님의 역사는 거기서 시작되었다. 그때 결신한 그 한 사람이 누구인지 아는가? 바로 전 세계 수백만 군중에게 복음을 전한 빌리 그레이엄(Billy Graham) 목사다. 한 사람의 헌신, 영향력이 놀라운 역사를 만들어 낸 것이다.

이처럼 인간에게는 영향력이 있다. 그 영향력이 어떻게 행사되느냐에 따라 우리의 삶이 바뀌는 것은 물론, 다른 사람의 인생과 더 나아가 나라와 민족의 미래까지도 바꾸어 나갈 수 있다. 교회도 마찬가지다. 교회는 건물이 아니다. 교회는 예수 그리스도를 주로 모신 사람들이 모인 곳이다. 교회는 어찌 보면 하나의 큰 삶과 같다. 그러므로 교회가 영향력을 가지는 것은 당연하다. 중요한 것은, 그 영향력이 히틀러처럼 쓰일 수도 있고, 빌 게이츠처럼 쓰일 수도 있다는 데 있다.

한 교회의 영향력

용인제일교회는 용인시 처인구에 위치해 있다. 2024년 현재 107만 명이 사는 용인시는 기흥구, 수지구, 처인구로 나누어져 있다. 그런데 기흥, 수지구는 용인시 땅의 20퍼센트밖에 되지 않지만 80만 명 이상이 사는 반면, 처인구는 용인 땅의 80퍼센트나 되지만 인구는 27만 명 정도다.

2012년에 용인제일교회에 부임하면서 용인시를 쭉 살펴보니 기흥, 수지구는 신도시여서 모든 인프라나 문화, 교육 시설 등이 잘 갖추어져 있는 반면, 우리 교회가 있는 처인구는 너무 낙후되어 있었다. 교인들과 지역 주민들이 불쌍하게 느껴질 정도였다. 지역에서 공공연히 도는 말인 '처인구는 처졌기에 처인구'라는 이야기가 들려왔다.

그 이야기를 듣고 내 마음에 거룩한 분노가 생겼다. 그래서 2013년 1월, 담임목사로 위임받고 교인들에게 이렇게 선포했다. "처인구는 이제 우리 용인제일교회 때문에 복을 받을 것입니다. 처인구는 우리 용인제일교회 때문에 좋아지고, 발전하게 될 것입니다. 우리, 이 지역과 지역 주민들을 위해 기도합시다." 그러고 나서 11년의 시간이 흘렀다. 지금 용인시 처인구는 대한민국에서 가장 많은 사람이 몰려오는 도시가 됐고, 가장 빠르게 발전하는 도시로 성장하고 있다. 나는 그때 우리의 기도가 헛되지 않았음을 절실히 느끼고 있다. 그러면서 하나님이 주시는 마음을 품고 사역을 하는 것과 그냥 하는 것은 전혀 다르다는 것을 깨달았다.

그리스도인은 한 사람으로 존재하지 않는다. 하나님은 우리를 교회로 부르셨다. 성도는 단지 자신만을 위해 살 수 없고, 교회는 단지 교회만을 위한 교회로 남아 있을 수 없다. 건강한 성도, 올바른 교회에게는 반드시 하나님께서 사명을 주시기 때문이다. 그 사명이 온전히 실천될 때, 그것은 반드시 영향력을 만들어 낸다. 지역 사회에, 지역 사람들에게 그리고 다음 세대 아이들에게 반드시 영향력이 행사된다.

경남 진주에 위치한 진주교회에 관한 이야기다. 신분제 사회였던 조선 시대, 게다가 양반 문화가 센 곳으로 유명한 진주 선교 초창기에는 우리나라의 문화와 풍습을 어느 정도 존중하는 의미에서 백정, 상민들과 양반이 예배를 따로 드렸다. 양반들은 좋은 곳에서 예배하고, 백정들은 예배당 같지도 않은 곳에 따로 처소를 만들어 예배를 드렸다. 그것을 호주에서 갓 건너온 젊은 선교사, 데이비드 라이얼(David M. Lyall, 라대벽)이 보고는 이렇게 말한다. "백정들도 교회에 와서 같이 예배하는 것이 옳지 않습니까? 하나님 앞에서는 누구나 존비귀천의 신분 차별이 있을 수 없습니다. 한곳에서 다 같이 예배하는 것이 하나님의 뜻입니다."

그러나 양반 교인들은 그것을 받아들일 수 없었다. "선교사님 말씀이 비록 옳다 해도 아직 우리 예절과 풍속에는 시기가 이릅니다." 그러면서 선교사와 성도들 사이에 갈등이 시작된다. 결국 양반 교인들은 예배를 거부하고 교회에 오지 않았다. 이에 백정, 상민 성도들만 남아서 예배를 드리게 된다. 그때 넬리 스콜스(Nellie Scholes)와 메리 켈리(Mary Kelly)라는 여 선교사들이 어떻게든 이 문제를 해결해 보려고 애를 썼으나 쉽게 풀리지 않는다.

선교사들의 눈물 어린 노력과 헌신을 보면서 백정, 상민 성도들이 자신들이 본래 드렸던 예배 처소로 돌아가겠다고 이야기한다. 그들이 희생하고 헌신한 것이다. 그 이야기를 들은 양반 교인들의 마음이 어땠겠는가? 그들도 말씀을 듣고 은혜 받은 사람들이었기에 배운 사람으로서, 혜택을 많이 받은 사람으로서 부끄러워 백정 성도들의 결단에 고마움을 표하면서 자신들도 그 전통과 인습을 깨고 선교사들의 뜻을 받들어 함께 예배드리겠다고 결정한다.

그렇게 1909년 8월 1일, 드디어 진주에서 양반, 상민, 천민이 처음으로 '백정 동석 예배'라는 이름으로 함께 예배를 드리게 된다. 이 백정 동석 예배를 계기로 진주 사람들의 의식이 바뀌고, 훗날 진주에 '형평운동'이 일어나 모든 신분이 하나 되는 사회운동이 펼쳐지고, 진주교회를 통해 진주 사회가 변화되는 역사가 일어난다. 이처럼 한 교회의 변화는 그 교회의 변화로 끝나는 것이 아니라, 지역 사회에 영향력을 미친다. 그 좋은 영향력은 사람을 살리고, 지역을 회복시킨다.

한 성도와 한 교회가 주변에 어떤 영향력도 줄 수 없다면, 그 성도와 교회는 지금 잘못 가고 있는 것이다. 성도와 교회는 반드시 누군가에게 영향력을 주어야 한다. 문제는 그 영향력이 살리는 것이 되어야 한다는 것이다. 사람을 살리고, 공동체를 살리고, 지역을 살리는 영향력이어야 한다. 그것이 바로 우리의 사명이다.

한 사람의 힘이 적은 것 같지만, 한 교회의 힘이 아무것도 아닌 것 같지만, 하나님은 한 사람을 들어 당신의 놀라운 역사를 만들어 가시고, 한 교회를 통해 우리가 상상하지 못한 기적을 이루어 내신다. 그것이 하나님이 역사를 끌고 가시는 방법이다.

한 사람, 한 교회를 우습게 여기지 마라. 그 한 사람이 어떤 일을 만들어 낼지 모른다. 하나님은 한 사람의 영향력을 통해 놀라운 일을 이루신다. 또한 한 교회의 영향력은 그 지역을 회복하고 변화시킨다. 그 교회가 하나님이 주신 사명을 받아 실천해 간다면, 그 교회를 통해 지역이 살아나고 회복되는 역사가 일어날 것이다.

8.
사소하지만 착한 일에서

빌립보서 1장 6절은 이렇게 말씀한다.

> "너희 안에서 착한 일을 시작하신 이가 그리스도 예수의 날
> 까지 이루실 줄을 우리는 확신하노라."

세상 사람들이 일반적으로 생각하는 착한 일이 있다. 그런데
성경에 나오는 착한 일은 비슷하면서도 다르다. 우리는 세상
사람들이 일반적으로 생각하는 착한 일을 넘어서서 말씀이 요
구하는 착한 일, 정말 좋은 일, 우리가 반드시 그렇게 살아야 하
는 착한 일을 해야 한다. 그것이 그리스도인이다. 그렇다면 성
경이 말씀하는 착한 일이란 무엇일까?

말씀대로 하는 일

성경이 말씀하는 착한 일은 첫째, 하나님이 원하시는 일, 말씀에서 하라고 하신 일이다. 사람에게는 감정과 생각과 본능이 있다. 우리는 그 감정과 생각과 본능을 무시할 수 없다. 그것은 우리에게 자연스럽게 다가온다. 그런데 문제는, 우리의 감정과 생각과 본능이 하기를 원하는 일에는 착한 일도 있지만, 나쁜 일도 많다는 것이다. 만일 우리가 감정과 생각과 본능대로만 살아간다면, 우리는 결국 나쁜 짓을 할 수밖에 없다. 그런데 요즘 사람들은 이런 말을 많이 한다. "감정에 충실해." "본능에 충실해."

우리의 삶을 살아가는 기준이 절대로 우리의 감정과 생각과 본능이 되어서는 안 된다. 그렇기 때문에 우리는 감정과 본능에 충실할 것이 아니라, 하나님의 말씀에 충실해야 한다. 하나님의 말씀, 곧 하나님이 하라고 하시는 일에는 나쁜 일이 없다. 다 착하고 좋은 일이다. 힘들고 어렵지만, 때로는 고통스럽지만, 우리의 생각과 감정과 본능을 내려놓고 하나님의 말씀을 따라가려고 하는 것, 그것이 바로 삶에서 승리하는 비결이다.

한 예로, 세상에서 살다 보면 미워 죽겠는 사람이 생긴다. 어떨 때는 한 대 때리고 싶은 본능도 올라온다. 그런데 참을 수 있을 정도면 괜찮지만, 사람의 감정이나 본능이 쌓이면 언젠가 폭발하게 되어 있다. 생각과 감정과 본능을 주체하지 못하는 상황이 생기면 어떤 일이 벌어질지 모른다. 그래서 무서운 것이다. 만일 우리에게 그런 상황이 펼쳐질 것 같다면, 재빨리 말씀의 기준을 가져다 대야 한다. 말씀을 삶에 들이밀고, 우리의 생각과 감정과 본능 안에 하나님의 말씀을 강요해야 한다. 말씀은 우리에게 무엇이라고 가르치는가? "원수를 사랑하라." "네 이웃을 네 몸과 같이 사랑하라." 우리의 생각과 감정과 본능은 미워 죽겠어도, 말씀을 삶 가운데 들이밀어 우리의 생각과 감정과 본능이 폭발하는 것을 잠재우고 삶을 만들어 갈 때, 우리는 하나님이 원하시는 삶, 진짜 착한 일을 하며 사는 인생이 되는 것이다.

사람을 살리는 일

성경이 말씀하는 착한 일은 둘째, 사람을 살리는 일이다. 그리스도인은 사람을 살리는 자가 되어야 한다. 사람을 죽이는 자가 되어서는 안 된다. 이 말에 어떤 사람은 "내가 언제 사람을 죽였습니까? 그렇게 잔인한 일, 그렇게 나쁜 짓을 저는 한 적이 없습니다"라고 말할 것이다. 그런데 사람은 꼭 칼이나 폭력으로 죽이는 것이 아니다. 잘못된 기사 한 줄, 무심코 쓴 댓글 하나, 장난으로 끼적인 내용 하나에 못 견뎌서 죽는 사람도 있다. 어떤 사람은 누군가 잘못 옮긴 말 한마디에 잠 못 이루고, 우울증에 걸리고, 그러다가 이상한 생각을 하기도 한다. 이처럼 사람을 살리고 죽이는 일은 엄청나게 큰 것으로 되는 것이 아니라, 아주 사소하고 작은 것 하나를 통해서 이루어지는 것이다.

인생을 살아 보니, 내 인생에 일어난 엄청나게 큰일도 사실은 어떤 큰마음을 먹거나 큰 계획을 가지고 행한 것이 아니었다. 아주 사소한 것에서 출발하는 경우가 참 많았다. 결혼은 참 큰일이다. 그러나 내가 아내와 그 큰 결혼을 어떻게 했는지 생각해 보면 큰일에서 시작된 것이 아니었다. 아주 작은 일, 작은 말에서 시작되었다. 대학부 동기의 "너 소개팅 한번 할래?" 이 말 한마디에 나는 인생의 가장 큰일, 큰 만남을 하게 되었다. 우리 인생의 큰일, 어떤 사람의 인생에서 벌어지는 엄청난 일들은 어쩌면 누군가의 아주 작은, 사소한 행동이나 말에서 시작될 수 있다. 그래서 우리는 아무리 작고 사소한 것일지라도 누군가를 살리고, 세우고, 일으키는 일을 해야지, 누군가를 죽이고, 파괴하고, 멸망시키는 일을 해서는 안 된다.

삶의 절망과 아픔 속에서 죽으려고 마음먹은 사람을 살리는 것은 큰일이 아니다. "너 괜찮니?" "힘내!" "내가 도와줄게." "내가 기도할게." 이 한마디가 그 사람을 살릴 수도 있다. 그러나 어떤 사람들은 그들 가슴에 비수를 꽂는 말을 한다. "너 같은 게 그렇지." "내가 너 그럴 줄 알았다." 아무 생각 없이 내뱉은 말이 죽고 싶다는 그 사람의 마음을 행동으로 옮길 수 있게 만든다. 그리스도인은 사람을 살리는 일을 해야 한다. 사람들을 죽게 해서는 안 된다. 복음은 죽은 자들을 살리는 능력이기 때문이다.

우리는 복음을 전하고 생명을 살리는 일을 너무 크게 생각한다. 엄청난 노력과 헌신, 대단한 것만으로 이루어지는 것으로 여긴다. 아니다. 우리의 사소한 말 한마디, 작은 행동 하나를 통해서도 일어날 수 있다. 그것을 우습게 여기지 마라.

지금 예수 그리스도를 믿는 이들 중에 "크리스마스 때 교회에 가면 과자 준다더라", "부활절 때 교회에 가면 계란 준다더라" 하는 친구의 말을 듣고 교회에 갔다가 구원받은 사람이 있을 것이다. 또한 교회에 가면 예쁘고 잘생긴 친구가 많다는 말에 연애하러 왔다가 더 좋은 예수님을 만나서 구원받은 사람이 얼마나 많은지 모른다. 계란이나 과자를 먹으러 왔다가, 때로는 이성 친구를 사귀려고 왔다가 그와는 비교할 수 없는 구원을 선물 받은 것이다.

어떤 사소한 일이든 우리는 사람을 살리는 일을 해야 한다. 그것이 바로 복음을 전하는 일이고, 어떻게든 사람들을 구원의 끈으로 연결하는 일이다. 결국 착한 일은 바로 복음을 위한 일이다. 그래서 사도 바울은 빌립보서 1장 5절에서 이렇게 말한다.

"너희가 첫날부터 이제까지 복음을 위한 일에 참여하고 있기 때문이라."

어떤 것이어도 좋다. 그것을 하찮게 여기지 말고 사람을 살리는 착한 일, 좋은 일을 하다 보면 결국 그것이 영혼을 살리는 일로 이어지게 된다. 그것이 성경이 말씀하는 착한 일, 복음을 위한 일이다.

역사에 좋은 것을 남기는 일

마지막으로 셋째, 성경이 말씀하는 착한 일은 누군가의 역사에 아주 작고 사소한 것이라도 좋은 것을 남기는 일이다. 역사라고 하면 엄청난 것을 생각하는데, 내 삶의 작은 역사, 어떤 사람의 작은 개인사, 우리 가정의 역사, 우리 직장의 역사, 우리 교회의 역사, 크게는 나라의 역사, 세계의 역사일 수 있다. 그것이 무엇이든 작은 것 하나, 사소한 것 하나라도 남길 수 있다면, 그 사람은 착한 일을 한 인생을 산 것이다.

'착하다'는 말은 관계 속에서 규정된다. 혼자 착한 사람은 없다. 누군가에게, 무엇인가에 착한 것이다. 우리는 모든 사람에게 다 착할 수는 없다. 모든 사람에게 착하기 위해 거절해야 할 때 거절하지 못하고, 아니라고 해야 할 때 아니라고 하지 못하는 것이 우리의 삶을 망가뜨린다. 그렇다면 우리가 착해야 하는 사람들은 누구일까? 우리가 이 땅의 모든 사람에게 착할 수는 없지만, 어떤 한 사람에게만큼은, 어떤 한 분야에서만큼은, 우리가 있는 그 자리에서만큼은 착한 사람이 되어야 하지 않을까?

그런 사람이 있다. 삶에서 향기가 나는 사람, 그 향기로 인해 다른 사람을 기분 좋게 하고 흐뭇하게 하는 사람이 있다. 또한 삶이라는 나무에 그늘을 만들어 내는 사람이 있다. 치열하게 경쟁하며 밤낮 없이 일하는 속에서 참 피곤하고 힘든 인생이었는데, 그 사람에게만 가면 나무 그늘처럼 편안해지고, 아늑해지고, 포근해진다. 또한 삶의 열매를 만들어 내는 사람이 있다. 그 사람이 만들어 준 열매를 먹으면 배부르고, 풍성하고, 기쁘게 된다. 이런 이들이야말로 누군가에게 참 착한 일을 하는 사람이라고 할 수 있다.

교회는 지역 사회에 착한 일을 하기 위한 센터가 되어야 한다. 교인들의 착한 마음을 한곳에 모아 지역을 향해 흘려보내는 센터가 되어야 한다. 그 지역의 가난하고 소외된 이웃들을 돌보고, 삶의 벼랑 끝으로 내몰린 사람들에게 희망을 주고, 세계 곳곳의 복음을 알지 못하는 자들에게 복음을 듣게 하는 센터로 교회가 서야 한다. 그것이 바로 교회의 사명이고, 교회가 해야 하는 착한 일이다. 구체적으로 무엇을 할 것인가는 교회 나름의 고민과 대안으로 만들어 가야 하지만, 그 착한 일을 멈추어서는 안 된다. 그 착한 일이 결국 영혼을 살리고, 지역을 일으키는 복음의 일이 될 것이다.

9.
상관하는 삶

요즘 길을 걷다 보면 중학생 정도 되는 아이들이 삼삼오오 모여서 담배를 피우는 모습을 심심찮게 보게 된다. 그런 모습을 보면 예전에는 어른들이 한마디씩 하곤 했다. 그런데 요즘은 할 수가 없다. 괜히 한마디 했다가 무슨 봉변을 당할지 모르기 때문이다. 그렇다 보니 아이들이 그런 나쁜 짓을 해도 참견하지 않고 그냥 외면할 수밖에 없는 것이 작금의 상황이다.

참견하는 그리스도인

성경에 보면 괜히 남의 일에 도움을 주려 나섰다가 큰 봉변을 당한 사람들의 이야기가 나온다. 바로 바울과 실라다. 그들이 길을 가다가 한 귀신 들린 여자를 만난다. 귀신 들려 헛소리를 하고 이상한 행동을 하는 여자를 불쌍하게 여긴 바울과 실라가 그 여자에게서 귀신을 쫓아내 버린다. 그러자 그 여자가 정상으로 돌아와 회복된다. 그러면 좋은 것이 아닌가? 그런데 그 여자는 보통 사람이 아니라 점치는 사람이었다. 그리고 그 여자 주변에는 그 귀신 들린 상황을 이용해서 돈을 버는 사람들이 있었다. 그런데 귀신이 나갔으니 이 사람들이 돈을 못 벌게 된 것이다. 화가 난 이들은 바울과 실라에게 이상한 죄목을 뒤집어씌워서 고발한다. 그리고 지역의 유지였던 이들의 고발을 그냥 넘길 수 없었던 관리들은 바울과 실라를 감옥에 넣어 버린다.

생각해 보라. 사람을 살리는 좋은 일을 했는데 칭찬은커녕 감옥에 들어가게 되었다. 그 여자가 귀신 들려 힘들어해도 그냥 모르는 척하고 지나갔다면 아무 문제가 없었을 텐데, 그 여자가 불쌍해서 도와줬더니 감옥에 들어가는 말도 안 되는 상황에 처하게 되었다. 당신이 이런 일을 당했다면 다음부터 좋은 일을 하고 싶겠는가? 누군가 힘들어할 때 도와주고, 나서서 남의 아픔을 보듬어 주고 싶겠는가? 아마 다시는 참견하지 않겠다며 마음을 닫아걸 것이다. 그러나 바울과 실라는 어떤가? 사도행전을 읽어 보라. 그들은 그런 것에 굴하지 않는다. 누군가가 아프거나 어려움에 처해 있으면 기도해 주고, 도와주고, 고쳐 주고, 일으켜 주고, 복음을 알지 못해 죽어 가는 영혼들이 있으면 어떻게든 복음을 전해서 살려 보려고 한다.

그리스도인은 이렇게 살아야 한다. 어떤 손해나 불이익이 온다 할지라도 주위에 힘든 사람이 있으면 도와주려 하고, 힘이 되려 하고, 어떻게 해야 살릴 수 있을지를 고민하는 것이 그리스도인이어야 한다. 하지만 세상은 점점 그렇지 않다. 세상은 우리에게 이렇게 말한다. "상관 말고 네 일이나 신경 써." "네가 애쓴다고 뭐가 달라질 것 같아?" "그냥 못 본 척해." "그냥 네 일 아니니까 신경 꺼." 이것은 세상의 말이 아니라 사탄의 말이다. 사탄이 우리에게 원하는 것이 이런 것이고, 사탄이 이런 식으로 교묘하게 세상의 문화를 만들어 이 세상을 악하게 만드는 것이다.

세상의 잘못된 흐름에 저항하라

예수님이 귀신 들린 한 사람을 불쌍히 여겨 그를 고쳐 주려고 하신다. 그런데 그때 그 사람이 한 이야기가 있다. 누가복음 4장 34절을 보라.

"아 나사렛 예수여 우리가 당신과 무슨 상관이 있나이까 우
리를 멸하러 왔나이까 나는 당신이 누구인 줄 아노니 하나

님의 거룩한 자니이다.”

귀신 들린 사람이 좀 이상한 말을 한다. 그 사람은 이렇게 말하는 것이 논리적으로 맞는다. “나사렛 예수여, 나와 당신이 무슨 상관이 있습니까?” 그런데 “나사렛 예수여, 우리와”라고 복수로 표현한다. 이것은 무엇을 의미하는가? 지금 이 말은 그 사람이 아니라, 그 사람 안에 있는 귀신, 곧 사탄이 하는 말임을 의미한다.

사탄은 우리 안에 이런 말을 계속 퍼붓는다. “이게 당신과 무슨 상관이 있어? 상관 마!” 이것이 바로 사탄의 궤계다. 사탄은 자꾸 사람들과의 관계를 단절시켜 버린다. 그리고 사람들을 개인주의화 시킨다. 그래서 사람들을 점점 외롭게 만들고, 서로에게 좋은 영향력을 주는 것을 막아 버린다. 그것이 사람들을 생명에서 죽음으로 내몬다.

인간은 가만히 두면 나빠진다. 인간은 그 자체로 죄 덩어리이기 때문이다. 그래서 인간은 가만히 두면 죄 가운데 죽을 수밖에 없고, 그래서 복음과 말씀과 예수 그리스도가 필요하다. 그런데 사탄은 그것이 들어올 틈을 사람 사이에서 막아 버리려고 한다. 그래서 사람들이 이런 말을 하게 한다. “상관하지 마. 내 인생, 내 거야.” “내 인생에 끼어들지 마. 내가 알아서 할게.”

형 가인이 동생인 아벨을 죽였다. 인류 최초의 살인 사건이 일어난 것이다. 가인이 아벨을 죽인 후 하나님이 가인을 부르신다. 그리고 물으신다. "네 아우 아벨이 어디 있느냐"(창 4:9상). 그러자 가인은 이렇게 대답한다. "내가 알지 못하나이다 내가 내 아우를 지키는 자니이까"(창 4:9하). 형은 동생을 지켜야 한다. 돌봐야 한다. 도와줘야 한다. 그것이 하나님이 만드신 세상이다. 그런데 죄가 들어가 죄의 지배를 받게 되니 자신이 아우를 지키는 자이냐며 하나님께 되묻는다.

그리스도인은 이런 잘못된 세상의 흐름과 싸워야 한다. 세상은 끊임없이 서로 간의 관계를 단절시키고, 서로를 위한 삶을 막아 버린다. 상관하지 말라고 이야기한다. 그러나 하나님은 그렇게 말씀하지 않으신다. 하나님은 "이웃을 네 몸과 같이 사랑해라! 도와줘라! 구제해라! 섬겨라! 살려라! 복음을 전해라!" 하고 말씀하신다. 그러면서 끊임없이 어렵고 힘든 자들과 관계하기를 원하시고, 그들의 힘든 삶 속에 우리가 들어가기를 원하신다. 그들과 상관하기를 원하신다. 서로 관계 맺기를 원하신다.

물론 다른 사람과 관계를 맺는 것이 쉬운 일은 아니다. 아니, 쉽지 않은 정도가 아니라, 그것 때문에 손해를 볼 수도 있고, 바울과 실라처럼 봉변을 당할 수도 있고, 괜히 관계가 얽혀서 인생이 꼬일 수도 있다. 그렇지만, 그래도 하나님은 우리에게 말씀하신다. "네 이웃을 네 몸과 같이 사랑해라", "너희가 나를 사랑한다고 말하는데, 네가 만일 네 이웃을 사랑하지 않는다면, 그것은 나를 사랑하는 것이 아니다"라고 말씀하실 정도로 주님은 우리가 힘들고 어려운 자들의 삶에 끊임없이 개입하기를 원하신다. 그것이 주님이 우리에게 기대하고 원하시는 삶이다.

어려움을 넘어서야 변화될 수 있다

우리 교회의 모든 공간은 주중, 주일 복합 공간으로 만들어졌다. 그 모든 공간은 시간과 장소에 구애받지 않고 지역 주민들을 위해 전부 개방한다. 그런데 문제는, 우리는 좋은 뜻과 좋은 마음으로 개방하지만, 그것이 그렇게 좋게만 끝나지는 않는다는 것이다. 교회에는 매일 수많은 쓰레기가 넘쳐나고, 시설물이 파손되는 일도 부지기수다. 또한 밤늦게까지 공간을 열어두기 위해서는 그만큼의 관리 인력들이 필요하다.

교인들 중에는 이런 상황에 대해 불평하는 사람도 있고, 사용 제한을 해야 한다는 사람도 있다. 그러나 나는 이렇게 말한다. 그것까지 하는 것이 선교라고 말이다. 많은 교회가 거기까지가 안 되어서 지역 사회를 위한 교회가 되지 못하고, 다음 세대가 떠나는 교회가 되고 마는 것이다.

우리가 하는 큰 착각이 있다. 우리는 좋은 뜻과 좋은 마음으로 좋은 일을 하면 그 결과까지 다 좋을 것이라고 생각한다. 물론 최종 결과는 좋다. 그러나 그 과정 가운데 수많은 불이익과 어려움과 고난이 있다.

예수님도, 사도 바울도 그 모든 것을 겪었다. 다른 이들에게 상관하는 삶, 지역 사회를 섬기고 상관하는 사역에는 반드시 어려움이 있다. 힘든 일이 있다. 하지만 그것을 넘어설 때, 교회는 받은 사명을 온전히 감당할 수 있고, 그런 것을 두려워하지 않고 헤쳐 나가는 교회가 지역 사회를 위한 교회로, 다음 세대가 오는 교회로 변화될 수 있다.

그리스도인에게는 내리사랑이 필요하다. 우리도 하나님으로부터 그 사랑을 받았다. 그 사랑을 받고 끝내서는 안 된다. 그 사랑을 받았으면, 그 사랑 값을 조금이라도 하려고 애써야 하지 않겠는가? 그것이 신앙인의 도리다. 그것을 위해 우리는 끊임없이 지역의 영혼들과 지역 사회에 관심을 가져야 한다. 상관해야 한다. 그리스도인의 삶은 바로 상관하는 삶이다.

10.
오늘은 구원의 날

우리 교회는 2019년 9월 1일 주일에 글로리센터에 입당했다. 그래서 그날을 우리 교회는 구원의 날로 명명했다. 교회 카페 이름도 'September 1', 'Cafe 9.1'로 지었다. 하나님은 우리가 9월 1일, 이 구원의 날에 글로리센터에 들어감을 통해서 우리 교회의 사명인 구원을 다시 한 번 되새기기를 원하셨던 것으로 나는 해석한다.

인생은 해석이다. 어떻게 해석하느냐에 따라 우리 인생은 달라진다. 하나님 중심으로, 하나님이 원하시는 대로 자신의 삶을 해석하고 살아가면 하나님의 뜻이 이루어지는 삶을 살아가게 된다. 그러나 하나님 없이 인생을 해석하면 하나님과 상관없는 인생이 되고 만다. 하나님의 눈으로 인생을 해석해 보라. 소망이 보인다. 미래가 열린다. 우리 삶에 하나님이 주시는 힘과 능력이 솟아난다. 그것이 바로 이 악하고 험한 세상 속에서 우리가 살아갈 힘이다.

이 나라와 민족, 큰 것 같지만 아니다. 한 사람이, 한 교회가 나라를 바꾼다. 하나님은 역사 속에서 큰 것을 바꿀 때 작은 한 사람, 소수의 작은 공동체를 통해 일하고 깨우신다. 하나님께 붙들린 한 사람, 하나님의 사명을 붙잡고 나아가는 한 교회가 나라와 민족을 바꾸는 것이다. 비전을 가지려면 우리는 최소한 나라와 민족 정도는 품고 살아가야 한다.

자녀들을 너무 쫀쫀하게 키우지 말고, 나라와 민족 정도는 품을 수 있는 넓은 가슴을 갖게 하라. 나는 우리 다음 세대들이 꿈과 비전을 담는 커다란 가슴을 갖게 되기를 소망한다. 지금 이 시대는 그래서 다른 것이 아니라, 하나님의 은혜가 필요하다. 지금 이 나라, 이 민족에게 하나님의 구원이 요구될 뿐만 아니라, 이 시대를 살아가는 수많은 영혼에게 이 구원의 메시지가 절실하게 요구된다. 고린도후서 6장 2절은 이렇게 말씀한다.

"이르시되 내가 은혜 베풀 때에 너에게 듣고 구원의 날에 너를 도왔다 하셨으니 보라 지금은 은혜 받을 만한 때요 보라 지금은 구원의 날이로다."

이는 오늘만 은혜 받을 만한 날이고, 오늘만 구원의 날이라는 말씀이 아니다. 우리 인생 모두에게 은혜가 필요하고, 우리 삶

전체에 구원이 절실함을 알려 주는 말씀이다.

나는 한국의 모든 교회에서 보내는 모든 날과 순간이 구원의 날이 되었으면 좋겠다. 절망과 답답함과 한숨 가운데 살아가는 이들이 교회에 와서 생명과 구원을 만나 이렇게 고백했으면 좋겠다. "오늘이 구원의 날이었다. 오늘이 은혜의 날이었다. 정말 이곳에서 나는 하나님을 만났다. 내 인생이 변화되었다." 이런 고백이 끊이지 않는 한국 교회가 되기를 소망한다. 그러기 위해 교회에는 어떤 모습이 있어야 하는가?

간절히 부르짖으라

첫째, 하나님을 향한 간절한 부르짖음이 있어야 한다. 지금 시대에 우리가 가장 많이 듣고 하는 말이 무엇인가? '죽겠다. 힘들다. 못살겠다. 어렵다. 안 된다. 못 한다.' 이런 말들이 아닌가? 이것은 힘없고 연약한 사람들이 하는 말 같지만, 아니다. 이것은 교만한 사람들이 하는 말이다. '나는 못 해. 나는 안 돼. 나는 어려워. 나는 죽겠어.' 주어가 전부 '나'다. 자꾸 자기중심으로 삶을 해석하고 자기가 무엇인가를 하려고 하니 그런 말이 나오는 것이다. 내가 못 하겠으면 어떻게 해야 하는가? 할 수 있는 분께 구해야 한다. 내가 어려우면 그 일을 쉽게 이루시는 분께 요청하고, 내가 안 되면 되는 분께 가서 간구해야 한다. 그것이 겸손이다. 그것을 안 한다는 것은 정말 어렵지 않든지, 살 만하든지, 아직 죽을 정도가 아니라서 그렇다. 그것은 아직도 자기가 살아 있는 것이고, 아직도 자기를 못 내려놓은 것이다.

물에 빠져 죽게 된 사람은 작은 목소리로 "도와주세요! 살려 주세요" 하지 않는다. 그렇게 말하는 사람은 아직 살 만해서 그런 것이다. 진짜 어려우면, 정말 힘들면, 정말 구원이 필요하면 목청이 찢어져라 외친다. 간절히 구한다. "구해 주세요! 살려 주세요!"

한국 교회는 만날 현실이 어렵다, 미래가 어둡다, 다음 세대들이 교회를 떠난다고 말한다. 그러나 외치지 않는다. 구하지 않는다. 절실하지 않은 것이고, 아직 살 만해서 그런 것이다. 지금까지 교회 안 창고에 쌓여 있는 것을 소비할 여력이 있어서 그런지 절박하지가 않다. 고린도후서 6장 2절에서 우리가 눈여겨봐야 할 말씀이 있다.

"이르시되 내가 은혜 베풀 때에 너에게 듣고 구원의 날에 너를 도왔다."

하나님께서 은혜 베풀 때에 누구에게 들었다고 하시는가?

'너에게' 들었다고 하신다. 무엇을 들으신 것인가? 그 '부르짖음, 간구, 외침'을 들으신 것이다. 이처럼 하나님은 들으시는 분이다. 하나님은 우리의 말과 소리를 들으신다.

아무리 사랑하는 아내와 자식이라도 말하지 않으면 모른다. 그런 걸 꼭 말해야 아느냐고 묻지만, 당연히 말해야 안다. 인간이 신이 아닌 이상 말하지 않는데 어떻게 알 수 있겠는가? 사람은 말해야 안다. 하지만 사실, 하나님은 다 아신다. 다 알면서도 우리에게 구하라고 하신다. 말하라고 하신다. 왜 그러시겠는가? 나도 결혼한 지 20년이 훌쩍 넘었다. 이 정도 살면 아내에 대해 어느 정도는 다 안다. 무엇을 좋아하고 싫어하는지, 무엇이 바뀌었는지, 오늘 기분은 어떤지 눈만 봐도 알 수 있다. 그러나 부부가 서로를 다 안다고 말하지 않고 살면, 그 부부 관계는 결국 깨지고 만다. 나중에는 말 정도만 안 하는 것이 아니라, 옆에 없어도 살 수 있는 관계가 되고 만다.

은혜와 구원을 구하라

둘째, 하나님께 은혜와 구원을 구해야 한다. 하나님은 우리에게 듣기를 원하신다. 우리의 말을 듣고, 우리와의 대화를 통해 교제를 나누며, 우리의 입술을 통해 고백 받기를 원하신다. 우리가 원하는 것을 말하기를 원하신다. 왜 그런가? 거기에서 바로 온전한 사랑의 관계가 만들어지기 때문이다. 삶이 힘들면 우리를 구원하시는 전능하신 하나님께 구해야 한다. 한국 교회의 미래가 절박하면 그분께 나아가 간구하고 기도해야 한다. 그러면 그분이 듣고 우리에게 은혜를 베풀어 광야에 길을, 사막에 강을 내신다.

그런데 만날 입으로는 죽겠다, 힘들다, 어렵다면서 구하지도 않고 기도하지도 않는다. 외치지도 않는다. 아직 살 만해서 그런 것이다. 그러면 안 된다. 진짜 죽기 전에, 진짜 어려워지기 전에, 진짜 힘들기 전에 하나님 앞에 나아가 그분의 은혜와 구원을 구해야 한다.

우리 교회 1층 소성전(파밀리아채플)에 가 보면 앞에는 십자가에 빛이 들어오고, 맨 뒷자리는 무릎을 꿇고 기도할 수 있도록 만들어져 있다. 삶에 지친 이들이 우리 교회를 지나다가 와서 무릎 꿇고 기도하며 주님을 만나는 곳, 소망을 잃고 헤매던 중 우연히 이곳을 찾아 기도하다가 인생이 바뀌는 곳, 그곳이 바로 우리 교회가 되기를 소망하며 마련한 공간이다. 또한 우리 교회에는 개인 기도실이 있다. 교회는 그 무엇보다 하나님께 은혜와 구원을 구하는 곳이어야 한다. 그것이 교회의 출발점이다. 그것을 잃어버리면 다 잃어버리는 것이다.

정말 힘들고 어려울 때, 십자가 앞으로 나아가 기도해 보라.

교회는 삶에 지쳐 힘들어하는 사람은 물론, 누구나 자유롭게 와서 구하는 열린 기도실이 되어야 한다. 교회는 구원의 방주여야 하고, 그곳에서 구원의 날이 선포되어야 한다.

하나님이 일하시게 하라

셋째, 사람이 아니라 하나님이 살아 움직이시게 해야 한다. 살아 있는 교회가 있고, 죽은 교회가 있다. 살아 있다는 것은 움직인다는 것이다. 활동한다는 것이다. 살아 있는 교회는 무엇이 움직이고 활동하는가? 살아 있는 교회는 하나님이 움직이고, 하나님이 활동하신다. 그런데 죽은 교회는 하나님은 안 보이고 사람만 보인다. 하나님은 안 움직이고 사람만 움직이는 것처럼 보인다.

큰딸이 사춘기 무렵, 내가 큰딸 방에 들어가면 제일 많이 듣는 말이 "아빠, 나가"였다. 그러면 나도 열 받아서 안 나가고 오히려 아이를 꼭 안아 주었다. 그러면서 "아빠는 네가 나가라고 하면 더 안 나가" 하며 가만히 있었다. 그런데, 그러면 어떤 반응이 있어야 하는데 반응이 없다. 그냥 가만히 자기 할 일을 하든지, 무관심으로 일축한다. 그러면 꼭 껴안고 있던 나도 겸연쩍어서 그냥 나가게 된다. 반면에 둘째 딸은 초등학교 저학년이었는데, 그 아이는 내가 안아 주면 더 힘껏 안아 주었다. 내가 한 번 뽀뽀하면 아이는 두 번, 세 번씩 뽀뽀해 주었다. 물론 이 아이도 사춘기가 되니까 "아빠, 나가"가 일상이 됐다.

하나님도 마찬가지시다. 하나님은 움직이신다. 우리를 만나기 위해 우리 안으로 들어오신다. 예배의 자리에 들어오신다. 그런데 우리는 어떤가? "하나님, 나가세요"라고 하지는 않는지 우리 자신을 돌아봐야 할 것이다.

선물이 아닌 하나님께 반응하라

넷째, 하나님이 주시는 선물보다 하나님을 더 사랑해야 한다. 큰딸이 네 살 때의 일이다. 자녀를 키워 본 사람이라면 알 것이다. 첫 딸이고 네 살이니 얼마나 귀여웠겠는가? 나는 그때 딸 바보였다. 네 살 정도 되니 어눌하지만 말도 할 수 있게 되어서 사역 중간에 시간 날 때마다 딸아이와 전화 통화를 했다. 그러던 중 하루는 아이에게 전화로 이렇게 물었다. "미래야, 아빠 보고 싶어?" 그러자 아이가 그렇다고 말한다. 그래서 또 이렇게 물었다. "아빠 얼마만큼 보고 싶어?" 그러자 아이가 "하늘만큼, 땅만큼"이라고 말한다. 어린 딸에게 그런 말을 듣는 아빠는 세상을 다 가진 기분이다. 그래서 기분 좋은 마음에 이렇게 물었다. "미래야, 너 뭐 먹고 싶어? 아빠가 퇴근하고 뭐 사 갈까?" 그랬더니 아이가 말한다. "아이스크림." 그래서 아이에게 "아빠가 이따가 아이스크림 사 가지고 갈게. 아빠 갈 때까지 자지 말고 기다려" 하고 전화를 끊었다.

그날따라 교회 일이 바빠서 정신없이 일하다가 퇴근을 했는데, 그만 깜박하고 있다가 아파트 엘리베이터에서 아이와 한 약속이 생각났다. 그런데 밤도 늦고, 밤에 아이스크림 먹으면 이도 썩고, 또 나도 너무 피곤해서 그냥 집으로 향했다. 집에 가서 초인종을 누르니 네 살짜리 딸아이가 "누구세요?" 하고 묻는다. "아빠", 그랬더니 그 어린 딸이 문을 열어 주는 것이 아닌가! 문을 열고 아이를 보는데 너무 반가웠다. 그래서 현관에서 들쳐 안은 채 볼과 이마에 뽀뽀하고 비비고, 난리도 아니었다. 그러고는 내려놓았는데 아이가 갑자기 내 손 좌우를 살폈다. 그러면서 대뜸 "아빠, 아이스크림은?" 하고 물었다. "아, 아빠가 깜박했어. 아빠가 다음에 꼭 사 줄게, 오늘은 그냥 자자." 그때부터 아이는 대성통곡을 하기 시작했다. 울고 생떼를 부리는데, 장난이 아니었다. 그 모습을 한쪽에서 지켜보던 아내가 나에게 손짓했다. 들어오지 말고, 빨리 나가서 사 오라는 사인이었다. 그때 나는 신발도 벗지 못한 상태였다.

혹시 집에 들어가지도 못한 채 현관문을 닫고 엘리베이터를 향해 걸어가는 아빠의 심정을 아는가? 내 마음이 어땠을 것 같은가? 나는 졸지에 우리 딸에게 아이스크림보다 못한 존재가 되어 버렸다. 그런데 혹시 우리도 지금 이 네 살짜리 아이처럼 신앙생활하고 있는 것은 아닌가? 네 살짜리 아이처럼 하나님께 구하고 있지는 않은가? 하나님은 우리를 만나기 위해, 우리에게 당신의 영광을 보여 주기 위해 오셨는데, 우리는 울고 있다. 자녀가 대학에 떨어졌다는 것이다. 사업이 안 풀린다는 것이다. 돈이 없다는 것이다. 취직이 안 됐다는 것이다. 그러면서 왜 하나님은 내가 원하는 것을 안 가지고 오셨느냐고 따진다.

우리에게 가장 존귀하신 하나님이 우리 앞에 계신다. 하나님은 우리 가운데 들어오고 싶은데, 들어오실 수가 없다. 하나님은 우리에게 당신을 보여 주고 싶은데, 보여 주실 수가 없다. 우리와 교제하며 우리를 사랑해 주고 싶은데, 그럴실 수가 없다. 왜 그런가? 우리가 하도 울어서, 하도 생떼를 부려서 아무것도 해 주실 수 없는 것이다. 그렇다면 하나님도 예전의 나처럼 혹시 그 문을 닫고 쓸쓸하게 돌아가고 계시는 것은 아닐까?

슬프게도 많은 그리스도인이 하나님을 구하지 않는다. 그분 보기를 원하지 않는다. 하나님의 영광을 구하는 대신 자신의 영광을 구하고, 하나님의 얼굴을 보기 원하는 것이 아니라 하나님의 손이 필요하고, 하나님을 만나고 싶은 것이 아니라 하나님이 갖고 오신 선물에만 관심이 있다. 기억하라. 바로 오늘이 구원의 날이요, 은혜의 날이다. 이곳에서의 모든 순간, 모든 날이 구원의 날이 되기 위해서는 우리를 만나기 위해 이 자리에 오신 하나님 앞에 더 반응해야 한다.

우리 교회의 글로리센터를 지을 때 우리는 할 수 있는 최고의 조명, 최고의 음향, 최고의 영상, 최고의 모양으로 예배 장소를 만들려고 했다. 물론 각종 행사와 문화 공연 등 다양한 장소로 활용하기 위한 복안도 있었다. 하지만 우리 교회가 그렇게 한 것은 무엇보다 하나님께 잘 반응하고 싶었기 때문이었다. 우리를 찾아오신 하나님께 우리가 가진 최고의 것으로 반응하고, 최고의 자세로 표현하고, 최고의 마음으로 나아가기 위해 모든 것을 투자했다.

하나님은 분명히 우리를 만나 주신다. 아니, 하나님은 우리가 예배의 자리에 오기도 전에 이미 그 자리에 와 계신다. 그래서 우리 교회의 예배 장소 이름이 '글로리채플'이다. 하나님의 영광이 임하는 곳. 이곳에서 우리의 모든 것으로 하나님을 향해 뜨겁게 찬양하고, 열정적으로 기도하고, 우리 마음을 온전히 주님 앞에 드리고 나아갈 때, 이곳은 매일매일 주님을 만나는 곳이 되고, 주님을 만날 때 이 자리는 구원의 자리, 그 시간은 바로 구원의 날이 된다.

교회는 은혜의 장소요, 구원의 자리다. 건물이 아니라, 우리가 모여 예배하는 그곳이 바로 은혜와 구원의 현장이다. 우리는 그곳에서 우리에게 주어진 이 구원의 사명을 결코 잊어서는 안 된다. 이 땅의 소외된 자들, 여러 가지로 어려워하고 아파하는 사람들, 세상 밖으로 점점 내몰려 어디에도 하소연할 수 없는 인생들, 우울과 절망으로 자신의 삶을 포기하고 싶어 하는 이들이 교회에 와서 삶의 새로운 소망을 발견하고 그 인생이 다시 살아나는 구원의 역사가 나타나야 한다.

교회는 아무런 꿈이나 소망도 없이 하루하루를 살아가는 우리의 청춘들, 우리의 다음 세대 아이들이 "지금은 은혜의 날이다. 지금은 구원의 날이다"라고 고백할 수 있는 변화의 자리가 되어야 한다. 하나님은 우리의 소리를 듣기 원하신다. 하나님은 우리와 교제하며 대화하기 원하고, 우리의 간구를 듣기 원하신다. 우리가 하나님께 더 집중하며 매일매일 그분과 대화할 때, 그곳은 구원의 장소요, 은혜의 자리가 될 것이다.

교회는 그 무엇보다
하나님께 은혜와 구원을
구하는 곳이어야 한다.
그것이 교회의 출발점이다.
그것을 잃어버리면
다 잃어버리는 것이다.

3부

사랑하는 만큼 실행한다:___

상식을 초월한 영성으로

1.
교회 문
열렸나요?

우리 교회는 주 7일, 24시간 개방한다. 교회가 매일, 온종일 문을 열어 두는 것은 결코 쉬운 일이 아니다. 인력과 관리의 문제가 상당할 뿐 아니라 비용도 많이 든다. 그러나 "구더기 무서워 장 못 담글까?"라는 말이 있듯, 교회는 구더기가 무서워 장을 못 담가서는 안 된다. 그것이 바람직하고 좋은 것이라면 어떻게든 그것을 이루기 위해 몸부림을 쳐야 한다.

한국 교회 최초의 편의점

글로리센터를 복합 공간으로 만들면서 이런 고민을 했다. 지역 주민들과 아이들 그리고 학생들이 주중에도 와서 교제하고, 놀고, 여러 프로그램을 하려면 무엇인가 먹을 것이 있어야 좋은데 그것을 어떻게 할지에 대한 고민이었다. 글로리센터가 말로만 주중, 주일 복합 공간이 아니라, 실제로 지역 주민들과 아이들이 사용하는 공간이 되려면 그 문제를 해결해야 했다.

그런 고민 끝에 나온 결과가 바로 편의점이다. 편의점에는 음료나 과자뿐 아니라 도시락, 김밥, 라면 등 즉석에서 할 수 있는 요리가 많다. 글로리센터에 편의점을 들이면 그 문제를 해결할 수 있겠다는 생각을 했다. 하지만 교회 안에 편의점이라니? 편의점 업체들에 문의를 했지만 교회라고 하니 반응이 좋지 않았다. 그리고 더 큰 문제는, 교회와 교회 시설에서는 영리 활동을 할 수 없다는 것이었다. 이러한 난관을 극복해야만 그 문제를 해결할 수 있었다.

이 문제를 해결하기 위해 글로리센터를 건축하면서 교회 안에 별도의 비영리 법인을 두기로 했다. '글로리비전'이라는 비영리 법인을 만들어 수익 사업을 하고, 거기에서 나오는 모든 수익은 다문화 아이들과 아프리카 아동들을 돕는 것으로 정관을 만들고 이사들을 세웠다. 그렇게 경기도에서 법인 인가를 받았다. 그 후 교회 안에 편의점이 입점할 공간을 정하고, 그 공간을 근린 시설로 허가를 받은 후 그에 따른 세금을 내기로 했다.

이렇게 편의점을 입점하기 위한 제반 업무는 끝냈지만, 편의점 업체와의 대화가 쉽지 않았다. 그러던 중에 이마트24에서 연락이 왔다. 이마트24에서 무인 편의점을 론칭하려는데 우리 교회에서 할 의향이 있느냐고 물었다. 신청하는 데가 없어서 교회에까지 문의가 온 것 같았지만, 우리 교회에 있어서는 좋은 제안이었다. 일단 인력에 대한 비용을 절약할 수 있으면서 24시간 누구나 이용할 수 있는 공간이 된 것이다. 그렇게 우리 교회는 대한민국 최초로 편의점이 있는 교회가 되었다.

시스템은 최대한 간편하게

주 7일, 24시간 개방하는 교회가 다음 세대와 지역 주민들이 이용하는 공간이 되기 위해서는 그저 몇 가지 시설을 두고 개방만 한다고 되는 것이 아니다. 다음 세대 아이들과 지역 주민들이 쉽고 편하고 자유롭게 이용할 수 있는 시스템이 필요하다. 우리 교회 안에 있는 체육관, 풋살장, 트램펄린 놀이방, PC방 등은 예약 시스템이 아니다. 정기 대관을 신청하고 이용하는 사람들에게만 예약을 받고, 예약한 사람이 없을 때는 그냥 와서 마음껏 이용하면 되는 시스템이다. 시스템이 복잡하고 허가 요건이 많으면 사람들은 결국 그 시설을 이용하지 않는다. 그래서 최대한 자유롭고 편하게 이용할 수 있는 시스템을 만들어 언제나 누구든지 올 수 있는 곳으로 만들고자 했다. 물론 그렇게 할 때에는 여러 가지 문제와 어려움이 따른다. 그러나

그것 때문에 목적과 방향이 결코 훼손되어서는 안 된다. 목적과 방향은 지키되, 그 문제들을 해결할 수 있는 대안을 고민하고 만들어 가는 것이 필요하다.

우리는 교회를 주 7일, 24시간 개방하기 위해 교회 관리 시스템을 세콤(SECOM)으로 모두 전환했다. 인력을 최소화하기 위해 주 관리실에서 모든 것을 한눈에 볼 수 있는 시스템으로 바꾼 것이다.

담을 쌓지 말고 이웃이 되자

학교 수업이 끝나면 아이들이 가방을 메고 우리 교회로 온다. 교회로 온 아이들은 PC방이나 트램펄린 놀이방, 풋살장, 체육관으로 가서 놀기도 하고, 북카페나 세미나실에서 공부하기도 하고, 청춘 개러지에서 담소를 나누기도 한다. 특별히 맞벌이 부부의 자녀들이 시간을 보내다가 엄마, 아빠가 퇴근하면 교회에서 만나는 장면을 보곤 한다. 글로리센터가 맞벌이 부부가 아이를 맡길 만한 안전한 장소로 소문이 난 것이다.

토요일이 되면 우리 교회 로비에서는 이상하고 웃긴 장면들이 연출된다. 요즘 아빠들은 참 가정적이다. 금요일까지는 열심히 일하고, 토요일에는 아이들과 놀아 줘야 한다. 얼마나 피곤하겠는가? 심지어 어딘가에 가서 놀아 주려면 돈이 들 수밖에 없다. 그런 아빠들이 글로리센터에 아이들을 풀어 놓고, 본인들은 로비에 있는 소파에 앉아 낮잠을 잔다. 그런 아빠들이 한둘이 아니다. 심지어 그들 중 상당수는 우리 교회의 교인이 아니다. 그러다가 그 아빠들이 이후에 우리 교회에 대한 좋은 인식을 가지고 등록하는 사례도 보았다.

언제부터인가 교회가 관리의 불편함을 이유로 문을 닫고 있다. 말로는 열린 교회를 표방하지만 실상은 닫힌 교회가 된다. 문을 닫는다는 것은 교회가 지역에 담을 쌓는 일이고, 그 교회는 결국 그 지역에서 하나의 고립된 성으로 존재한다.

문을 열면 힘들다. 어렵다. 비용이 많이 든다. 하지만 교회는 언제나 열려 있어야 한다. 지역 사회와 다음 세대에 열려 있어야 한다. 문을 열어도 오기 힘든 시대인데, 문까지 닫힌 교회에 누가 오겠는가? 우리는 구더기가 무서워 장을 못 담가서는 안 된다. 어떤 어려움과 난관이 있더라도 복음을 전하기 위해, 이웃과 다음 세대를 섬기기 위해 어떻게든 문을 열고 거기에 따르는 문제를 새로운 대안으로 극복해 나가야 한다. 그럴 때 교회는 지역에 하나의 성으로 존재하는 것이 아니라, 함께하는 이웃이 된다.

2.
콘서트, 작은 몸부림

선교를 위한 법인 설립

글로리채플 공연장에서는 분기마다 '아프리카드림 콘서트'라는 음악회가 열린다. 우리 교회와 관련된 '아프리카드림'이라는 법인에서 여는 음악회인데, 이전 교회 공간에서부터 시작해서 벌써 40회째 이어져 오고 있다.

우리 교회는 내가 부임하기 전부터 아프리카의 탄자니아 선교를 하고 있었다. 성도들의 헌금으로 탄자니아에 부지를 확보해 본격적인 사역을 준비하고 있었다. 부임 이후 본격적인 선교 사역을 시작해야 했는데, 그에 따른 많은 고민이 있었다.

교회의 어려움은 선교지에까지 영향을 미친다. 교회의 어려움으로 인해 선교 재정이 점점 줄어들어 선교지의 필요와 요청을 제대로 도울 수 없는 실정이 되었다. 그런 상황에서 선교지에 부지가 있다 하더라도 거기에 교회든, 학교든 막대한 재정이 투입되는 사역을 하는 것은 무모하고 위험한 일이었다. 그때 우리 교회가 생각해 낸 것이 바로 아프리카 사역을 위한 독립 법인이었다. 선교란 선교사들이 현지에 가서 복음을 전하는 일이기도 하지만, 아프리카와 같은 열악한 환경에서는 문화, 교육, 환경 등을 개선해서 그 나라 사람들의 생활을 돕는 일이기도 하다.

우리나라가 선진국 대열에 진입하면서 정부와 지자체는 어려운 나라를 돕는 일에 필수적으로 예산을 책정하기로 했다. 그리고 기업은 사회에 이익을 환원하거나, 이미지 제고 차원에서 사회 공헌 팀을 운영해 국내의 자선 단체나 국외의 열악한 환경에 처한 사람들을 돕는 프로젝트들을 진행하고 있다. 이에 우리 교회는 새로운 선교 발상을 해 봤다. 교회는 선교사들을 훈련시켜 해외에 파견하고, 현지에 필요한 교육, 문화, 우물 파기, 전기 가설 등 환경 개선 사업은 정부나 기업의 도움을 받아 진행하면 선교지에서 요구하는 큰 프로젝트를 효과적으로 진행할 수 있지 않을까 하는 생각이었다.

하지만 정부나 기업의 프로젝트를 교회와 연결시키기가 쉽지 않다. 왜냐하면 교회가 선교사들을 통해 지금까지 국내외 많은 단체와 사람들을 도울 수 있는 효과적인 네트워크를 확보하고 있지만, 정부나 기업은 교회가 그런 일을 하고 있다는 것을 잘 모를뿐더러 종교 편향이라는 오해를 받고 싶지 않은 이유로 교회에 지원하기를 꺼려하기 때문이다. 그래서 우리 교회가 만든 것이 바로 '아프리카드림'이라는 법인이다. 우리 교회와는 독립되어 있지만, 우리 교회의 성도 다수를 이사로 포함시켜 지역 주민과 함께 아프리카드림 법인을 만들었다. 법인과 우리 교회가 협력하여 선교지에 필요한 다양한 활동, 곧 학교 설립, 영양 급식, 우물 파는 사업 등을 함께해 나가기로 했다.

'아이비제일' 교육 사업의 시작

그 첫 번째 사업이 탄자니아 아이비제일 유치원, 초등학교 설립이었다. 학교 이름이 왜 '아이비제일'인가 하면, 이 프로젝트를 아프리카드림 법인과 우리 용인제일교회 그리고 교복 회사인 아이비클럽이 함께 진행했기 때문이다. 아이비클럽은 교복 한 벌을 팔 때마다 대리점에서 50원, 본사에서 50원씩 총 1억 2천만 원이 넘는 후원금을 아프리카드림에 지원했다. 아프리카드림은 콘서트를 통해 지역 주민들을 초청했고, 지역 주민들은 좋은 일에 소액으로 후원했으며, 큰 경조사가 있는 가정은 큰 액수로 재정 후원을 하기도 했다. 우리 교회는 성도들의 헌금으로 재정 후원뿐 아니라 건축을 총괄할 수 있는 선교사들을 통해 학교를 짓는 모든 과정을 빈틈없이 진행했고, 학교의 기초를 놓을 수 있는 선교사를 파송하여 교사 모집, 교육, 커리큘럼 등 학교를 시작하기 위한 제반 프로세싱을 진행했다.

그러나 아프리카 선교지를 수차례 방문하고 돌아보며 느낀 것이 있다. 저소득 국가 대부분에 그런 경향이 있지만, 아프리카의 나라들도 계층의 변화가 쉽지 않다는 것이다. 교회가 어려운 사람들과 아이들을 돕는 것도 의미 있는 일이지만, 국가를 이끌어 가는 중산층 사람들을 바꾸지 않으면 우리가 하는 일은 깨진 독에 물을 붓는 것같이 일시적 도움에 그치고 말지도 모른다는 생각이었다.

그래서 나는 아이비제일 유치원, 초등학교를 누구를 대상으로, 어떤 학교로 만들어 가면 좋을지에 대해 여러 생각을 하게 되었다. 그러는 가운데 아프리카 중산층 이상의 가정도 교육열이 매우 높아 공립학교가 아니라 국제학교 같은 좋은 학교로 자녀들을 보내고 싶은 마음이 많은데, 재정 여건상 보내기 힘든 것을 알게 되었다. 그래서 나는 아프리카 중산층 아이들을 대상으로 학교를 운영할 수 있도록 적정 등록금을 받기로 했다. 그러면서 그들을 위해 국제학교 이상의 교육 기관을 만들어, 하나님을 사랑할 뿐만 아니라 그들의 나라를 사랑하고, 자신들의 국민을 돌볼 수 있는 인재로 키우면 어떨까 하는 생각을 했다. 또한 그들이 낸 등록금으로 그 나라의 저소득층 아이들을 위한 학교를 짓는 것이 좋겠다는 생각을 했다.

그래서 한국의 유치원, 초등학교 시설에 버금가는 아이비제일 유치원, 초등학교를 설립했고, 그들에게 우리나라 돈으로 월 8만 원 정도의 등록금을 받았다. 한국 교회가 선교지에 학교를 짓는 일은 잘하는데 그것을 제대로 운영하지 못하는 이유는, 학교를 운영하기 위한 운영비가 선교비로 지원되어야 하는데 그것을 교회가 지속적으로 지원하는 것이 어렵기 때문이다. 그래서 세운 원칙은, 교회는 학교를 시작할 수 있는 인프라를 제공할 뿐, 운영비는 반드시 자체 충당할 수 있는 학교로 만들어야 한다는 것이었다.

그렇게 시작한 아이비제일 유치원, 초등학교는 그들이 낸 등록금을 통해 시설 운영, 교사 월급 등이 자체적으로 운영될 뿐만 아니라, 수업을 마친 후에는 글로리비전 방과 후 학교 아이들이 와서 시설을 이용하게 했다. 방과 후 학교에 오는 아이들은 극빈층이기에 모두 무료로 급식을 제공하고, 영양 보충 및 교육, 특기 활동을 진행했다. 중산층 아이들이 낸 등록금으로 극빈층 아이들의 방과 후 교실이 운영되는 셈이다.

우리 교회는 성도들이 일대일 결연을 맺어 아이들의 급식과 영양 보충을 진행하고, 글로리비전 법인의 이마트24와 카페 9.1의 수익금으로 후원한다. 그 외의 시설과 교사 수급 등은 아이비제일 유치원, 초등학교를 통해 지원하게 했다. 그 아이들

과 부모들은 인지하지 못하겠지만, 아이비제일 유치원, 초등학
교 학생들이 낸 등록금으로 그 나라의 정말 어려운 아이들을
돕고 있는 것이다.

Secondary School을 세우다

만 5세 아이들과 함께 시작된 아이비제일 유치원, 초등학교는
개교한 지 벌써 8년이 되었다. 지금까지 한국의 지원 없이 학교
가 안정적으로 운영되고 있을 뿐 아니라, 각 학년당 25-30명의
학생이 공부하고 있으며, 이 학교에 들어오고 싶은 대기자가
많을 정도로 주변에서 유명한 학교가 되었다.

그 아이들이 이제 중·고등학교(탄자니아에서는 Secondary School)에
올라갈 나이가 되었는데, 나는 더 이상 일을 만들고 싶지 않아
초등학교까지만 운영하고 끝내려는 마음이 강했다. 그런데 최
근 탄자니아에 방문했을 때 학부모들이 자신의 아이들을 끝까
지 책임져 달라며 중·고등학교 설립을 요구했다. 나는 그저 이
야기를 듣기만 한 채 어떤 확답도 없이 한국으로 돌아왔다. 그
런데 참 이상한 것이, 아무 이야기도 하지 않았는데 돌아오자
마자 성도 한 분이 아프리카 학교 설립에 써 달라며 2억 원을
헌금했다. 나는 이것을 하나님의 뜻이라 생각하고 탄자니아에

Secondary School을 세우기 위해 아프리카드림, 글로리비전, 용인제일교회가 함께 준비하게 되었다.

감사하게도 최근에는 삼성꿈장학재단이 아이비제일 유치원, 초등학교 도서관을 개선할 수 있도록 5천만 원을 지원해서 사업이 진행 중이고, 아프리카드림 콘서트도 계속 성황리에 개최되어 점점 더 많은 후원금이 확보되고 있다.

발상의 전환을 하라

선교에도 새로운 모색과 기발한 발상이 필요하다. 하던 대로하는 선교가 아니라, 한국 교회의 상황 속에서 더 효과적이고 지혜롭게 할 수 있는 방안을 마련하고 시도하는 것이 선교에도 필요하다. 혹 한국 교회가 선교의 고정관념에 갇혀 선교지를 풍성하게 할 기회를 놓치거나 선교지의 영혼들을 세울 기회를 놓치고 있는 것은 아닌지 돌아보며, 더욱 진취적이고 효과적인 선교가 될 수 있도록 새로운 방안을 모색하는 노력이 절실히 필요한 때이다.

지금 정부, 지자체, 기업 등은 투명하고 제대로 된 후원 단체와 프로젝트를 찾고 있다. 이러한 때에 교회가 잘 준비해서 그것들을 활용할 수 있다면, 성도들의 헌금뿐만 아니라 더 많은 재정으로 선교지를 풍성하게 지원하고, 선교지의 사람들을 하나님의 자녀로 이끌 수 있는 다양한 일을 만들어 갈 수 있으리라 확신한다.

3.
주일학교가 갈 길

한반도에 교회가 세워진 지 140년 만에 한국 교회는 엄청난 성장을 이루었다. 그 성장 요인을 여러 가지로 이야기할 수 있겠지만, 그 핵심 중의 핵심은 바로 주일학교의 부흥임을 부정할 수 없다. 60-70년대, 베이비 붐 시대에 태어나 주일학교에서 훈련받고 교육받았던 성도들이 지금 교회의 리더로 세워져 있고, 그때 신앙생활을 시작했던 성도들이 한국 교회의 주축을 이루고 있다.

앞으로의 한국 교회의 미래를 내다보려면 주일학교를 보면 된다. 결국 현재 주일학교에서 훈련받고 교육받은 학생들이 한국 교회의 미래의 리더가 될 것이고, 그들이 20-30년 이후에 한국 교회의 주축이 될 것이다. 그런데 지금 주일학교를 보면 한국 교회의 미래는 어둡게만 보이고, 한국 교회가 마주한 미래 세대에 대한 주일학교 교육은 그 방향을 잃고 있는 것 같다.

한국 교회가 주일학교의 위기, 다음 세대의 위기에 대처하기 위해서는 변화해야 한다. 그냥 옷만 갈아입는 변화가 아니라, 완전히 체질을 바꾸는 변화가 필요하다. 그러나 그런 변화는 저절로 되지 않는다. 변화는 끊임없는 도전에서 시작된다. 사실 변화에는 많은 저항이 따른다. 그 저항 속에서 변화를 이루기 위해서는 담대한 도전, 어떻게 보면 무모한 도전이 필요하다. 마치 골리앗 앞에 선 다윗과 같은 무모해 보이는 도전이 필요하다. 지금 아이들은 골리앗과 같은 세상 문화 앞에 서 있다. 우리가 그 아이들을 위해 골리앗과 같은 세상을 우리가 가진 물맷돌로 무너뜨리지 않으면 우리는 아이들을 이 세상 문화에 빼앗겨 버리고, 한국 교회는 패배주의에 빠지게 될 것이다.

안 되는 것은 없다

오래전 청년부 사역을 할 때 청년들과 3D 영화관에 간 적이 있다. 3D 안경을 쓰고 영화를 보는데 화면에서 자동차가 튀어나오고 돌이 이곳저곳에서 날아오는 등 영화를 입체적으로 볼 수 있었다. 영화가 끝나고 청년들과 이런 이야기를 했다. 교회에서 설교할 때도 이런 효과가 있었으면 좋겠다고 말이다. "성령의 불 받으십시오" 그러면 하늘에서 불이 막 떨어지는 효과가 나오고, "독수리 날개 쳐 올라가듯" 찬양을 부르면 독수리가 천장에서 힘차게 날아오르는 것처럼 말이다. 요즘은 영화가 3D에서 4D로 발전했다. 바람 부는 장면에서는 극장에서 바람이 나오고, 비가 내리는 장면에서는 물이 뿌려진다. 이 또한 교회에 적용되면 좋겠다는 상상도 하게 되었다.

당신의 생각은 어떤가? 교회는 그러면 안 되는가? 교회는 이런 것을 써서 예배하면 안 되는가? 물론 교회는 그것을 할 만한 인프라도, 자본도, 힘도 없다. 그러나 할 수 없다고 아무 생각도, 시도도, 도전도 없이 세상 문화를 찾아가는 아이들을 쳐다만 볼 것인가? 내가 초등학교, 중학교에 다닐 때만 해도 교회는 제일 재미있는 곳이었다. 하지만 지금은 어떤가? 세상의 기술은 엄청나게 발전해 가고 있는데 교회에서 복음을 전달하는 방법은 변한 것이 없다.

골리앗 앞에 선 다윗처럼

예전의 한국 교회는 중·고등학교 학생들이 끼를 발산하는 문화의 장이었다. 문학의 밤이라는 중·고등학생들의 축제의 장이 펼쳐졌고, 인근 중·고등학교 학생들은 그 교회를 다니지 않아도 자신들의 음악이나 장기들을 가지고 찬조로 출연하기도 하며 교회라는 이름으로 한자리에 모여 마음껏 끼를 발산하며 청소년기의 추억을 만들어 갔다. 또한 성탄절 무렵이 되면 성탄 이브 예배를 시작으로 교회에서 올나이트를 했다. 청소년, 청년들이 모여서 선물 교환도 하고 찬양도 하고 이야기꽃을 피우다가 새벽송을 돌며 예수 그리스도의 탄생을 알렸고, 성탄 예배를 마친 후에는 집으로 돌아갔다. 그러나 어느 순간부터 한국 교회의 주일학교는 세상 문화 앞에 굴복하고 패배주의에 빠져 주일 예배만 겨우 드리는 공동체가 되어 버렸다.

물론 어떻게 교회가 세상보다 재미있을 수 있겠는가? 어떻게 교회가 세상을 재미로 이길 수 있겠는가? 그렇다고 아무것도 하지 않은 채 손 놓고 하던 대로 하면서 과거의 영광만을 추억할 것인가? 아니다. 무엇이든 해 봐야 한다. 마치 다윗이 골리앗을 향해 물맷돌을 던졌듯이 말이다. 그것이 어떻게 골리앗을 무너뜨릴 것이라 상상할 수 있었겠는가? 그러나 다윗은 하나님을 조롱하고 하나님의 백성을 우습게 여기는 골리앗을 향해 무모한 도전을 했다. 그 도전에 하나님이 함께하셨고, 그 일에 하나님이 역사하셨다.

한국 교회도 마찬가지다. 우리가 어떻게 거대한 세상 문화의 흐름을 거슬러 다음 세대 아이들을 복음으로, 교회로 이끌 수 있겠는가? 불가능한 것 같다. 하지만 하나님은 역사를 이룰 때

가능성을 근거로 일하지 않으신다. 하나님은 당신이 할 일을 믿고 도전하는 자를 통해 역사하신다. 뭐라도 좋다. 성경이 죄라고 말씀하지 않는 것이라면 무엇이든지, 다음 세대 아이들을 사랑하는 마음으로 어떻게든 그들을 교회로 이끌어 복음을 듣게 하려는 도전과 시도들을 마다하지 말아야 한다.

내용은 그대로, 그릇은 다르게

복음은 결코 변하지 않는다. 그러나 복음을 담은 문화라는 그릇은 시시각각 변화한다. 우리는 코로나19 팬데믹을 통해서 그 복음을 온라인이라는 이 시대의 문화에 담아 전하지 않았는가? 성경은 이 세상을 사는 우리에게 말씀한다.

"뱀같이 지혜롭고 비둘기같이 순결하라"(마 10:16).

지금까지 교회는 비둘기 같은 순결은 강조해도 뱀 같은 지혜는 터부시하는 경향을 가지고 있었다. 하지만 시대는 뱀처럼 교활하고, 다음 세대 아이들은 그 교활한 세상 문화 속에서 허우적대고 있다. 이러한 시대에 우리에게 필요한 것은 순수한 복음과 그 복음을 다음 세대에게 효과적으로 전달할 수 있는 지혜로운 방법이다. 그러나 그 방법은 단순하게 얻어지는 것이 아니다. 끊임없는 도전과 행동을 통해 여러 시행착오를 겪은 후에 얻어지는 것임을 잊지 말아야 한다.

교회는 새로운 도전이라는 명제 앞에서 지금까지 너무 소극적이었고, 그렇기에 시대와 세대를 이끌어가기보다는 그 뒤를 따라가는 데 급급한 모습을 보여 주었다. 나는 이 시대의 주일학교 사역자와 교사들에게 말하고 싶다. 끊임없이 시도하라. 가슴에 품은 복음과 영혼을 사랑하는 마음만 확실하다면 하나님은 우리의 어떤 시도도 용납하실 것이다. 세상에서 가장 쉬운 일은 하던 대로 하는 것이다. 지금까지 주일학교는 하던 대로 했기 때문에 어려워진 것이다. 복음 이외에 현재의 모든 틀을 깨고 새로운 시도와 도전을 해 나갈 때, 우리는 작지만 소망 있는 다음 세대에 대한 대안을 만들어 낼 수 있을 것이다.

한국 교회의 위기를 주일학교의 위기로 보고 난 후 우리 교회는 그것을 가만히 지켜볼 수가 없었다. 그래서 하던 대로가 아닌 다음 세대를 위한, 주일학교를 위한 새로운 도전을 하지 않고는 미래에 대한 대안을 찾을 수 없다고 생각하게 되었다. 그래서 앞에서도 언급했지만, 교회 건축에 앞서 우리가 기존에 생각하고 있는 교회 건물의 구조를 파괴하고 완전히 다른 교회 건축을 시도했다. 그렇게 해서 탄생한 것이 주중, 주일 복합 공간인 글로리센터다.

영아부실은 어린이 소극장, 유치부실은 춤 연습실, 유년부실은 풋살장, 초등부실은 체육관, 청소년부실은 대학로 극장을 모티브로 한 소극장으로 만들었다. 이 모든 공간은 주중에는 인근 초등학교, 중학교, 고등학교, 대학교 학생들이 언제든지 와서 사용할 수 있도록 개방되어 있고, 주일에는 각 부서실로 전환되어 예배하고 교제하는 공간으로 사용된다.

또한 교회 안에 북카페, PC방, 밴드 연습실, 녹음실, 방송 스튜디오, 전시실, 이마트24 등 현 세대 사람들이 공감하고 함께 사용할 수 있는 공간들을 만들어 지역 주민 누구나 이용할 수 있게 했다. 특별히 교회 본당조차도 전면에 대형 LED를 설치해 영화 상영, 문화 공연 등 다채로운 문화, 교육 활동이 가능한 공간으로 탈바꿈해 사용하고 있다. 이렇게 우리 교회는 건물의 모든 공간을 다음 세대와 지역 주민들에게 개방해 그들이 마음껏 사용하게 함으로써 그들로 하여금 교회로 올 수 있는 환경을 만들고, 이를 통해 복음의 접촉점을 찾아가는 다양한 시도를 하고 있다.

한국 교회와 이 땅의 성도들이여! 가슴에 복음을 굳건히 담고 세상을 향한 새로운 도전을 두려워하지 않기를 바란다. 하나님에 대한 확실한 믿음으로 골리앗을 향해 물맷돌을 던진 다윗처럼 복음에 대한 분명한 확신, 영혼을 사랑하는 뜨거운 열정을 가지고 이 시대를 향해 힘차게 물맷돌을 던진다면, 한국 교회는 분명 주일학교에 대한 새로운 답을 만들어 낼 것이다. 하던 대로가 아닌 새로운 몸부림, 이것이 지금 위기에 빠진 한국 교회와 주일학교가 나아갈 길이다.

4.

맘 카페의 기적

글로리에서 놀자

코로나19 팬데믹이 끝나고 첫 어린이날, 우리 교회는 글로리
센터의 모든 공간과 글로리파크의 모든 곳을 지역 주민과 아
이들에게 개방하기로 하고 '글로리에서 놀자'라는 행사를 준
비했다. 교회 성도와 지역 주민들이 후원하고 주일학교 교사
들이 헌신해서 모든 공간을 어린이를 위한 놀이공원으로 만들
어 누구나 무료로 이용할 수 있게 했다. 아이가 부모와 함께할
수 있는 여러 부스와 공간을 만들었고, 각 부스에서 스탬프를
받으면 선물을 주었다. 여전도회에서는 아이들이 먹을 수 있
는 여러 가지 음식을 준비했고, 한 아이당 한 개의 쿠폰을 지급
해 한 개의 음식은 무료로, 나머지는 비용을 지불해서 먹을 수
있도록 했다. 더욱 풍성한 행사가 되도록 지역 상인들도 초청

했다. 이렇게 해서 5월 5일, 우리 교회의 모든 공간을 명실상부 어린이 공원으로 만든 것이다.

많은 지역 주민과 아이들이 글로리파크에 방문했다. 아이들이 2천 명 정도 왔으니 부모, 조부모까지 하면 거의 5천 명이 글로리파크에서 어린이날을 보냈다. 우리 지역의 부모들이 매우 좋아했고, 교회가 이런 일을 했다는 것에 감동했다.

맘 카페에 소개되다

이 행사를 시작하고 다음 해에 일이 터졌다. 어린이날이 다가오면서 엄마들이 아이들과 어디를 가야 할까를 고민하는 맘 카페에 1년 전 우리 교회에서 한 '글로리에서 놀자'가 소개된 것이다. 그 글을 올린 사람은 우리 교회 성도도 아니고 교회에도 다니지 않았는데, 글로리파크에서 한 행사가 너무나 경제적이면서 재미있고 좋았다고 소개했다. 감사하게도 그 글에 많은 댓글이 달렸다. 놀이동산에 가서 돈을 쓸 바에야 여기 오는 것이 훨씬 좋다는 것부터 시작해서 좋은 반응의 댓글이 많았다.

제1회 '글로리에서 놀자'를 하고 나서 생긴 노하우를 토대로 부족한 부분을 보완해서 제2회 '글로리에서 놀자'를 열었는데,

나는 그때 맘 카페의 파워를 실감했다. 맘 카페를 통해 퍼진 좋은 소문은 삽시간에 지역으로 퍼져 나가 이 지역의 많은 엄마, 아빠들이 글로리파크로 모이기 시작했다. 교회 주변 교통은 마비됐고, 주차를 하지 못해 돌아가는 차가 수백 대였다. 그날 온 아이들만 거의 5천 명 정도였고, 엄마, 아빠, 할아버지, 할머니까지 하면 거의 1만 명이 '글로리에서 놀자'에서 마음껏 어린이날을 즐겼다.

우리 교회는 용인에 있다. 용인에는 대한민국 최고의 기업에서 운영하는 대한민국 최대의 놀이동산이 있다. 우리 교회에서 불과 5킬로미터 떨어진 곳이다. 교회가 어떻게 자본이나 재미, 인력에 있어 그곳에 비할 수 있겠는가? 어떻게 우리가 그곳과의 경쟁을 생각할 수 있겠는가? 그러나 우리 교회는 이웃을 섬기고 다음 세대를 품겠다는 마음으로 도전해 보았다. 우리가 할 수 있는 선에서 최선을 다해 준비했고, 성도들이 헌신했다.

그런데 그것이 놀라운 기적을 만들었다. 맘 카페를 통해 이 일이 알려졌고, 거기서 좋은 이야기들이 오간 덕분에 지역의 많은 엄마, 아빠가 아이들과 함께 우리 교회를 찾아오게 되었다. 이것을 계기로 우리 교회는 지역 사회에 더 많이 알려지게 되었고, 더 많은 지역 주민과 아이들이 찾는 곳이 되었다.

우리의 경쟁 상대는 세상 문화다

하나님의 역사는 이렇게 시작된다. 하나님께서 주신 마음을 품고 어떻게든 영혼을 섬기겠다고 나아가는 자를 하나님은 외면하지 않고 놀라운 방법으로 인도하신다. 마치 광야에 길을 내고, 사막에 강을 만드는 것처럼 일하신다. 하나님은 우리가 생각하지 못한 방법으로 길을 여시고, 우리가 예상하지 못한 사람들을 통해 일하신다.

나는 성도들에게 말한다. "우리 교회의 경쟁 상대는 옆 교회가 아닙니다. 우리 교회의 경쟁 상대는 대형 마트요, 백화점입니다. 우리는 세상 문화와 싸워야 합니다. 세상 문화에 빼앗긴 많은 아이들과 지역의 주민들을 어떻게든 이곳에 오게 하고, 그들이 복음을 들을 수 있는 예배에 더 가깝게 접근할 수 있도록 해야 합니다." 그래서 우리 교회는 건축을 할 때 교회 같지 않은 교회, 불신자들이 와도 불편하지 않은 교회, 다음 세대들이 자유롭게 드나들 수 있는 교회를 지으려고 했다. 그래서 외관도 교회의 느낌을 주지 않고 사람들이 편안하게 다가올 수 있는 건물로 지었다.

우리가 매년 5월 5일에 '글로리에서 놀자'를 하는 것은 다른 이유가 없다. 믿지 않는 지역 주민들이 교회로 가까이 다가와 교회에 대한 오해를 풀고 복음을 가까이 접할 수 있는 계기를 만들고자 한 것이다. 하나님은 이런 몸부림을 귀하게 여기셨고, 맘 카페를 통해 우리를 격려하셨다. 실제로 '글로리에서 놀자'를 통해 우리 교회에 처음 방문하고 등록한 새가족이 많다. 더구나 그들 중 상당수는 태어나서 처음으로 교회에 나온 사람들이다.

세상의 문화, 세상의 자본, 세상의 능력을 보고 너무 겁먹지 말자. 그 패배주의에서 한국 교회는 벗어나야 한다. 우리의 자리에서 영혼을 사랑하는 마음으로 고민하고 도전해 나간다면, 하나님은 또 다른 곳에서 맘 카페와 같은 기적을 보여 주실 것이다. 그것을 믿음으로 오늘도 지역과 다음 세대를 향해 달려가자.

5.

헌신의 삶

교회는 예수 그리스도의 핏값으로 세워진 공동체다. 그러므로 교회는 하나님이 이끌어 가신다. 그렇다면 하나님께서는 어떤 사람을 통해 교회를 이끌어 가시는가? 바로 헌신된 자들이다. 그래서 교회가 바로 세워지기 위해서는 헌신된 자들이 반드시 있어야 한다. 헌신된 자들을 통해서 교회가 세워져 가고, 헌신된 자들을 통해서 영혼들이 구원받고 성장해 가는 것이다.

교회 건축의 시작부터 완공까지 수많은 어려움과 문제가 있었다. 그러나 하나님은 그때마다 우리 교회와 함께하셨고, 문제들을 해결해 주셨으며, 길을 열어 주셨다. 덕분에 입당할 수 있었다. 그런데 하나님이 어떻게 그 문제를 풀어 가셨는지 아는가? 바로 헌신자들을 통해서 하셨다. 교회와 교회 건축을 위해 시간과 물질을 드리고, 생업까지 잠시 미룬 채 교회 건축에 자신의 몸을 아끼지 않은 헌신자들을 통해 그 일을 이루어 가셨다. 하나님께 쓰임 받을 수 있다는 것은 영광된 일이고, 그 영광된 일에 참여하는 것은 기쁨이고, 행복이다. 그것을 기쁨과 행복으로 여긴 헌신자들을 통해 하나님은 그 일을 이루어 가셨다.

우리 교회는 규모에 비해 경제적으로 넉넉하거나 많이 배우고 사회적으로 대우받는 일을 하는 성도가 많지 않다. 이것이 세상의 눈에는 약하게 보일지 모르겠지만, 우리 교회는 정말 강한 교회다. 그 이유는, 등록 교인 수 대비 헌신자의 수가 높기 때문이다. 교회와 영혼을 위해 기꺼이 자신을 드리는 헌신자가 많다. 교회는 하나님을 사랑하고 공동체를 사랑하는 헌신자가 많을 때 강한 교회가 된다. 교회에는 공동체를 사랑함으로 영혼을 위한 일이라면, 또 하나님의 사명을 위한 일이라면 자신의 모든 것을 아끼지 않는 헌신자가 많이 있어야 한다. 그것이 바로 '약한 자를 들어 강한 자를 부끄럽게 하신다'는 하나님의 말씀의 원리다. 세상의 눈에는 약해 보이지만, 강한 헌신자들이 있기에 세상의 눈에 강해 보이는 자들을 부끄럽게 할 수 있는 것이다. 그렇기에 우리는 하나님과 영혼을 위해 헌신하는 것이 무엇인지를 알아야 하고, 어떻게 하는 것이 진정한 헌신인지를 깨달아야 한다.

하나님이 기뻐하시는 일을 선택하라

첫째, 헌신은 내가 원하는 것을 하는 것이 아니라, 하나님이 기뻐하시는 일을 선택하는 것이다. 사도행전 21장 4절에 이런 기록이 있다.

"제자들을 찾아 거기서 이레를 머물더니 그 제자들이 성령의 감동으로 바울더러 예루살렘에 들어가지 말라 하더라."

제자들이 예루살렘으로 들어가려는 바울을 못 가게 만류하는 내용이다. 여기에 아주 중요한 말씀이 있다. 누구의 감동으로 말리는가? 성령의 감동으로 바울더러 예루살렘에 들어가지 말라는 것이다. 제자들이 성령의 감동으로 말하는데 바울이 그 말을 안 듣고 예루살렘에 들어간다면 그는 성령을 거역한 것이 된다. 그런데 바울은 결국 예루살렘으로 갔다. 그렇다면 바울은 성령의 말씀을 거역하고 자기 고집대로 예루살렘으로 들어간 것일까? 사도행전 20장 22-23절에는 이렇게 기록되어 있다.

"보라 이제 나는 성령에 매여 예루살렘으로 가는데 거기서 무슨 일을 당할지 알지 못하노라 오직 성령이 각 성에서 내게 증언하여 결박과 환난이 나를 기다린다 하시나."

사도 바울이 누구에 매여 예루살렘에 들어가려고 하는가?
바로 성령에 매여 예루살렘에 들어가려고 한다. 아니, 제자들
은 성령의 감동으로 예루살렘에 가지 말라 하고, 바울은 성령
에 매여 예루살렘에 가겠다고 한다. 도대체 누구의 성령이 맞
는 것인가? 결론은 둘 다 맞다. 둘 다 성령의 감동을 받은 것이
다. 바울이 예루살렘에 가면 환난이 기다리고 있다. 다칠 수도
있고, 잘못하면 죽을 수도 있다. 이것을 제자들이나 바울이나
성령의 감동으로 안 것이다. 그러니 둘 다 성령의 감동을 받은
것이 맞다. 그런데 이 둘의 차이가 무엇인가? 예루살렘에 가면
고난이 있으니 제자들은 예루살렘에 가지 말라는 것이고, 바
울은 고난과 환난이 있음에도 불구하고 예루살렘에 가겠다는
것이다. 예루살렘으로 가면 벌어질 상황을 성령의 감동으로 똑
같이 알고 있는데, 그 벌어질 상황에 대한 태도가 서로 다른 것
뿐이다.

바울은 자신이 예루살렘으로 가면 잡혀갈 것을 알았다. 또 맞
을 것을 알았다. 그는 분명 예루살렘에 가면 자신이 고난 받을
것을 알고 있었다. 그럼에도 불구하고 바울은 그 길을 선택했
다. 왜일까? 그곳이 하나님이 원하시는 자리라고 확신했기 때
문이다.

이 세상 그 누구도 고난 받을 것을 미리 안다면 피하려고 한다. 손해나는 일은 하고 싶지 않아 한다. 어떤 사람도 문제가 해결되기를 바라지, 문제를 만들고 싶어 하지 않는다. 어떤 사람도 고통 받는 것을 좋아하지 않는다. 그래서 제자들은 그럴 것이 뻔히 보여 바울에게 예루살렘으로 가면 안 된다고 한 것이다. 그런데 바울은 예루살렘으로 들어가는 것을 선택했다. 왜인가? 분명히 안 좋은 일이 일어날 것을 알았고, 힘든 일과 어려운 일이 있을 것을 알았지만, 하나님께서 그곳으로 가기를 원하셨기 때문이다. 이것이 바로 사도 바울의 헌신이다.

헌신된 성도들은 고난을 피하는 것이 아니라, 때로는 고난을 선택하기도 한다. 손해에 대해 도망치는 것이 아니라, 그 손해를 기꺼이 감수하기도 한다. 이것이 바로 세상 사람들은 도저히 이해할 수 없는 헌신자의 놀라운 힘이다. 손해와 고난을 감수하는 신앙생활과 손해와 고난을 두려워하고 겁내는 신앙생활은 완전히 다르다. 자신의 주인이 하나님이라 인정하고 하나님이 원하시는 길을 선택하는 신앙생활과 하나님이 도와주셨으면 하는 바람만 가지고 하는 신앙생활은 차원이 전혀 다르다.

교회에서 헌금이나 십일조에 대한 설교를 이런 식으로 하는 경우가 있다. 십일조를 드리면 물질의 복을 받고, 십일조를 안 드리면 물질의 복을 받지 못한다고 말이다. 물론 이것이 전혀 잘못된 말은 아니라고 생각한다. 그러나 세상에는 십일조를 드리지 않아도 부자인 사람이 참 많다. 물질의 복을 받기 위해서만 십일조를 드린다면 그것은 온전한 십일조가 아니다.

그렇다면 왜 십일조를 드려야 하는가? 상식적으로 생각해도 수입의 전부로 생활하는 것보다 십일조를 떼고 10분의 9로 생활하는 것이 경제적으로 더 어려울 수밖에 없다. 10분의 1만큼 줄어드는 것인데, 안 그래도 어려운 경제적 여건에서 그렇게 산다는 것은 불편한 일이다. 하지만 사도 바울이 예루살렘에 가면 환난과 어려움, 고난이 있을 것을 앎에도 불구하고 그 길을 갔던 것처럼, 십일조를 드리면 더 어려워질 것을 앎에도 불구하고 선택하는 것이 헌금이요, 헌신이다. 하나님이 기뻐하시니까, 하나님이 우리에게 명하신 것이니까 하는 것이다. 내 삶의 주인이신 하나님께 모든 것을 드리기로 마음먹었기에 기꺼이 손해를 감수하는 것, 어려워질 것을 알면서도 그 길을 선택하는 것, 그것이 헌신이고 신앙이다. 그렇게 신앙생활할 때 우리는 세상과 다른 삶을 살게 되고, 거기서 하나님의 백성, 하나님의 자녀로서의 강함이 나타나는 것이다.

요즘 교회나 사회에서 상처에 관한 이야기를 많이 한다. 어디서나 상처, 상처, 상처다! 오늘날 사람들은 어떻게든 상처를 안 받으려고 한다. 그런데 주일학교 교사 한번 해 보라. 특별히 사춘기 아이들이 가득한 중고등부 교사 한번 해 보라. 학교 선생님들은 월급이라도 받지, 교회 선생님들은 다 퍼 주고도 상처를 넘어서 속에서 열불이 날 때가 있다. 전화를 해도 안 받는다. 문자나 톡을 그렇게 보내는데도 다 무시한다. 만나자고 약속하고 약속 장소에 갔는데 나오지도 않고, 연락도 안 되고, 바람을 맞힐 때가 수도 없이 많다. 그리고 뭘 좀 사 줬으면 고마워하는 마음이 있어야 하는데, 토요일에 맛있는 것 얻어먹고 내일 교회에 꼭 오겠다고 약속하고는 그다음 날 쏙 빠진다. 정말 얄밉다.

상처 받고 싶은 사람이 있다면 주일학교 교사 한번 해 보라. 상처 제대로 받을 것이다. 그리고 상처 받아서 교사 못 하겠다고 하는 사람이 있다면 그 생각은 잘못된 것이다. 교사로 섬기면 당연히 상처 받는다. 힘들고 어렵다. 돈도 써야 한다. 하지만 상처 받을 것이 눈에 보이고 아픔과 어려움이 있을 것을 아는데도 하나님이 그 영혼을 사랑하시기에, 그 영혼에 하나님의 마음이 있는 것을 알기에, 그 일을 하나님이 기뻐하시는 것을 알기에 상처 받기를 선택하는 것, 그것이 바로 헌신된 교사의 모습이다. 그 헌신이 교회를 세우고, 영혼을 살리고, 세상을 변화시킨다. 왜 그런가? 세상에는 그런 경우가 거의 없기 때문이다. 세상은 그런 일을 못 한다. 세상은 손해나는 짓을 안 한다. 세상은 자기 유익만을 추구하고 고통으로부터 도망치려 하지, 결코 그것을 선택하지 않는다. 오늘날 한국 교회가 힘을 잃은 이유는 이런 세상의 논리가 교회 안에 들어와 헌신을 피하게 만들기 때문이다. 성도로서의 강함, 능력이 있으려면 우리에게 헌신이 필요하다. 헌신이 교회와 성도를 강하게 한다.

입이 아닌 몸을 드리라

둘째, 헌신은 입으로 하는 것이 아니라, 몸을 드리는 것이다. 사도행전 21장 12-14절은 이렇게 말씀한다.

> "우리가 그 말을 듣고 그곳 사람들과 더불어 바울에게 예루살렘으로 올라가지 말라 권하니 바울이 대답하되 여러분이 어찌하여 울어 내 마음을 상하게 하느냐 나는 주 예수의 이름을 위하여 결박당할 뿐 아니라 예루살렘에서 죽을 것도 각오하였노라 하니 그가 권함을 받지 아니하므로 우리가 주의 뜻대로 이루어지이다 하고 그쳤노라."

제자들과 성도들이 다 같이 사도 바울에게 예루살렘으로 올라가지 말라고 만류한다. 그런데 사도 바울은 하나님이 원하시는 길이기에 기꺼이 그 길로 나아가겠다고 한다. 그러자 제자들과 성도들이 입을 닫고 주의 뜻이 이루어지기를 기도하는 장면이 바로 이 말씀이다.

교회는 말이 많은 곳이다. 왜 그런가? 사람도 많을뿐더러, 같은 것을 보고 같은 성령의 감동을 받아도 다 다르게 해석하고, 다 다르게 말하기 때문이다. 가겠다는 사도 바울이나 가지 말라는 제자들 모두 성령의 감동으로 똑같은 것을 보았다. 그곳에 가면 어렵고, 힘들고, 환난을 겪는다는 것을 똑같이 본 것이다. 똑같은 것을 봤는데 사도 바울은 가겠다고 하고, 제자들은 가지 말라고 한다. 교회 안에서 계속 논쟁이 벌어지면 교회는 깨어지고 무너지게 된다. 그럴 때는 어떻게 해야 하는가? 본문의 제자들과 성도들처럼 말을 그쳐야 한다. 그리고 주의 뜻이 이루어지기를 기도해야 한다.

헌신자가 많은 교회와 성도가 많은 교회의 차이는 무엇을 보면 알 수 있는가? 말하는 사람이 많은가, 행동하는 사람이 많은가를 보면 알 수 있다. 우리 교회를 건축하는데 당회 장로님들께서 아주 지혜롭고 좋은 제안을 하셨다. 지금 생각해 봐도 정말 기가 막힌 제안이다. 건축을 하면 성도들마다 이건 이렇게 했으면 좋겠고, 저건 저렇게 했으면 좋겠다는 생각이 들기 마련이다. 그래서 이런 제안을 하셨다. "이제부터 장로님들 중에서 이렇게 해야겠다는 말이 나올 때마다 그 말을 한 본인이 그것을 하는 것으로 정합시다." 그러기로 하고 나니 그때부터 확실히 꼭 해야 할 말만, 자신이 할 수 있는 말만 하게 되었다.

한국 교회에 전해 내려오는 속설 중에 이런 이야기가 있다. 교회 건축 후에 건축위원장은 교회를 떠난다는 말이다. 우리 교회가 건축위원회를 없애고 건축위원장을 세우지 않은 이유가 여기에 있다. 왜 그런 일이 일어날까? 교회 안에는 말이 많다. 저마다 똑같은 것을 보고도 다 다르게 판단하고, 느끼고, 말한다. 게다가 말하는 것에는 헌신이 필요하지 않으니, 각자의 기대에 못 미치면 쉽게 판단하고, 쉽게 말을 내뱉고, 쉽게 불평한다. 이게 문제다, 저게 문제다 하는 말들이 쌓이고 쌓이니 그 일을 책임진 사람이 견디다 못해 결국 교회를 떠나게 되는 것이다.

너무나 쉽게 입으로, 말로 서로를 힘들고 아프게 하는 교회, 그로 인해 갈라지고 깨지는 교회에는 힘이 없다. 그런 교회는 수습이 안 된다. 하물며 내부의 문제도 해결하지 못하는 교회가 어떻게 하나님의 사명을 논할 수 있겠는가? 그런 교회가 어떻게 지역 사회와 다음 세대와 한국 교회, 세계 선교를 감당하겠는가?

부족한 부분이 보이면 입이 아닌 몸을 움직여야 한다. 연약한 부분이 보이면 말이 아닌 행동을 해야 한다. 사도 바울과 제자들처럼 말을 그치고, 주님의 뜻이 이루어지기를 소망하면서, 자신의 삶과 몸을 드리는 성도가 되어야 한다. 그것이 바로 헌신자요, 그런 것이 바로 헌신된 삶이다.

아무 손해도 보지 않고, 아무것도 드리지 않고, 아무 노력도 하지 않고 할 수 있는 가장 쉬운 것이 바로 말이다. 그러나 헌신은 손해 보지 않고, 드리지 않고, 노력하지 않고는 이루어지지 않는다. 그래서 헌신은 입을 움직이는 것이 아니라, 몸을 움직이는 것이어야 한다. 부족함을 보며 말을 앞세우기보다 기꺼이 자신의 몸을 드림으로 헌신을 완성해 나가는 우리가 되기를 소망한다.

6.
무엇을 남겨야 하는가

하나님으로 연결된 관계

성경에 자주 등장하는 표현이 있다. '아브라함의 하나님, 이삭의 하나님, 야곱의 하나님.' '아브라함과 이삭과 야곱의 하나님!' 이 표현이 우리 눈에는 별거 아닌 것처럼 보이지만, 성경에서는 정말 의미 있고 중요한 구절이다.

아브라함은 할아버지, 이삭은 아버지, 야곱은 자식, 한마디로 삼 대다. 이스라엘의 대표적인 삼 대. 그런데 이 삼 대를 연결해 주는 것이 무엇인가? 바로 하나님이다. 아브라함과 이삭과 야곱 사이에는 엄청난 나이 차이가 있다. 우리가 생각하는 할아버지, 아버지, 자식의 나이 차이가 아니다. 생각해 보라. 아브라함이 이삭을 몇 살에 낳았는가? 100세에 낳았다. 즉, 아브라함과 이삭의 나이 차이는 100세다. 이것은 보통의 아버지와 자식의 나이 차이가 아니다. 또 할아버지와 손자의 차이도 아니다. 거의 증조할아버지와 증손자 정도의 차이다.

그러면 아브라함과 야곱은 도대체 몇 살 차이인가? 이삭이 리브가와 40세에 결혼해서 60세에 에서와 야곱을 낳았다. 그러니 아브라함과 야곱의 나이 차이는 160세다. 아버지와 자식은 60세, 할아버지와 손자는 160세 차이가 난다는 말이다.

이런 나이 차이에는 혈통 외에 둘 사이를 연결할 수 있는 것이 없다. 사실 아브라함과 야곱, 이 둘은 아무 상관없는 사람이나 마찬가지다. 그런데 아브라함과 이삭과 야곱은 하나로 묶여 있다. 그리고 성경에서 이 셋의 이름은 늘 함께 불린다. 신명기 6장 10절을 보라.

"네 하나님 여호와께서 네 조상 아브라함과 이삭과 야곱을 향하여 네게 주리라 맹세하신 땅으로 너를 들어가게 하시고 네가 건축하지 아니한 크고 아름다운 성읍을 얻게 하시며."

이 셋을 연결하고 있는 것이 무엇인가? 바로 여호와 하나님이시다. 그리고 아브라함과 이삭과 야곱의 후손에게 이어져 온 약속도 누구를 통해 그들에게 주어지는 것인가? 바로 유일하신 한 분, 하나님을 통해서 그 삼 대뿐 아니라 이스라엘의 세대로까지 이어진다. 세대를 이어 주는 힘이 있고 강력한 연결 고리, 그것은 바로 하나님이며, 하나님을 믿는 신앙인 것이다.

우리는 세대 차이라는 말을 많이 한다. 생각해 보면 세대 간에는 공통점을 찾을 수가 없다. 다 따로 노는 것 같다. 세대마다 생각도 다르고, 좋아하는 음식도 다르고, 좋아하는 노래도 다르고, 가 보고 싶은 곳도 다르고, 하고 싶은 일도 다르고, 다 다르다. 뭐 하나 공통점이 없다.

신앙은 우리 개인에게 중요한 가치지만, 가족에게도 매우 중요한 가치다. 왜 가족의 주인이 나나 자식이 아니라 하나님이어야 하는가? 가족의 주인이 하나님일 때, 각 세대가 하나님이라는 고리로 공통점이 만들어져 하나로 연결될 수 있기 때문이다. 그래서 우리는 자녀들에게 반드시 하나님을 물려줘야 한다. 하나님을 전수해야 한다. 이를 통해 조부모 세대, 부모 세대, 자식 세대, 손자, 손녀 세대가 하나로 연결되고, 연결된 축복의 통로를 통해 그 가족은 하나님의 약속을 이어 가는 믿음의 가족으로 서게 된다.

디지털 역사관을 만들다

우리 성도들은 자신의 모든 기득권을 내려놓고 교회의 모든 공간을 지역 사회와 다음 세대에 환원했다. 그런 성도들에게 교회 건축을 하면서 담임목사로서 꼭 선물하고 싶은 것이 있었다. 다름이 아니라 우리 성도들의 신앙과 믿음의 유산을 후손들에게 남겨야겠다는 마음이었다. 그래서 만든 것이 '디지털 역사관'이다.

교회의 역사관을 디지털로 만든 이유는, 우리 교회의 역사는 단순히 교회의 역사만이 아니라고 생각했기 때문이다. 1대 목사가 누구고, 2대 목사가 누구고, 몇 년도에 무슨 일이 있었는지에 대한 기록들도 물론 역사로서 가치 있겠지만, 교회 역사의 진짜 가치는 성도 개개인의 역사라 생각했다. 그래서 나는 우리 교회 역사관에 성도 개개인의 역사를 담고 싶었다. 그리고 그 방법은 모든 기록을 데이터로 만들어 영상으로 담아내는 것이라 생각했다.

우리 교회 역사관에 오면 교회의 역사도 볼 수 있지만, 성도 개인의 역사도 볼 수 있다. 만약 내가 죽고 내 후손 중 누군가가 우리 교회 역사관에 와서 내 이름 '임병선'을 검색하면 나의 일대기와 약력 그리고 내가 우리 교회에서 생활했던 사진들이 나온다. 그리고 내가 우리 후손들에게 남기고 싶은 이야기가 영상과 음성으로 흘러나온다. 여기에는 담임목사인 나뿐 아니라 모든 성도의 역사가 고스란히 담긴다. 지금은 70세 이상 어르신들의 데이터 작업을 진행 중이고, 이미 돌아가신 분들의 영상이 담겨 있다.

목사의 특성상 장례식을 많이 집례하게 된다. 요즘은 대부분 화장을 한 후 유골함을 납골당에 안치한다. 그리고 때마다 납골당에 가 그 유골함 앞에서 추모를 하고 온다. 나는 유골함을 보는 것이 과연 고인의 삶을 추모할 만한 일인지 생각했다. 그래서 성도들에게 이런 이야기를 했다. "우리 교회 역사관에 여러분의 역사와 후손들에게 꼭 해 주고 싶은 이야기를 담으십시오. 나중에 여러분이 천국에 가면 여러분의 후손이 추모하기 위해 우리 교회에 와서 여러분의 신앙과 삶을 담은 영상을 보고 그들도 아버지처럼, 어머니처럼, 할아버지, 할머니처럼 믿음의 길을 걸어가야겠다고 다짐하는 계기가 되었으면 좋겠습니다."

그래서 우리 교회 역사관은 성도 개개인의 삶과 신앙을 담은 영상도 볼 수 있지만, 온 가족이 함께 예배할 수 있는 공간도 마련되어 있다. 내가 성도들에게 주고 싶은 선물은 그들의 믿음이 그 세대에서 끝나는 것이 아니라, 자녀와 후손들에게 이어질 수 있는 통로를 만들어 주는 것이었다. 성도들이 꼭 물려주고 싶은 믿음과 삶을 후손들이 보고 자신들의 삶을 돌아볼 수 있는 계기가 우리 교회 역사관에서 일어나기를 바랐다.

우리가 후손들에게 남겨 주고 떠나야 할 것이 무엇인가? 그들을 온전한 길로 이끌 수 있는 것이 무엇인가? 돈도, 명예도,

권력도 아니다. 오직 하나님이다. 가족 모두가 하나님 한 분으로 연결될 때, 먼 훗날 저 천국에서 영원히 만나게 될 것이다. 우리 가정이 복된 믿음의 가정이 되는 길은 바로 하나님을 믿는 신앙을 전수하는 것이다. 어떤 방법이든 우리는 후손들에게 믿음을 전수해야 한다. 그것이 우리 자녀들에게 남길 최고의 선물이다.

7.
날마다 업그레이드되는 사명

교회는 예수님께서 하나님의 사명을 이루기 위해 남기신 공동체다. 그렇기에 교회가 이름만이 아니라 진정한 역할을 감당하기 위해서는 시대적, 지역적 사명을 품어야 한다. 하나님께서는 그 시대와 지역 가운데 당신의 나라를 이루기 위해 교회마다 사명을 주신다. 그러므로 교회가 온전한 사명 공동체가 되기 위해서는 하나님이 주시는 사명을 발견하고, 그 사명을 향해 나아가야 한다.

영감을 가지라

교회가 하나님께서 주신 사명을 이루기 위해서는 전제 조건이 있다. 바로 교회에게 주신 사명, 그것이 무엇인지를 깨닫는 영적 민감함이 필요하다. 영어로 하면 영적 센스, 우리말로 하면 영감이 있어야 한다.

가끔 신학생들이 찾아와 이렇게 묻는다. "목사님이 생각하실 때 목회자가 가져야 할 자질, 덕목 중 가장 중요한 것 하나만 꼽는다면 어떤 것을 말씀해 주시겠습니까?" 그때 나는 이렇게 말한다. "목회자로서 여러 자질과 덕목이 필요하지만, 나는 영감이 있어야 한다고 생각합니다. 영감이라고 하면 너무 고차원적인 말 같지만, 영어로 영적 센스, 즉 영적 민감함이 목회자에게는 있어야 합니다."

내가 이렇게 말하는 이유가 있다. 목회자는 교회와 성도를 섬기는 일에 부르심을 받았기 때문이다. 목회자는 하나님과 교회, 하나님과 성도들을 연결하는 고리와도 같다. 그렇기에 하나님의 뜻을 잘 깨닫고 발견하는 영적 센스, 성도들의 필요와 문제를 잘 파악하는 영적 센스가 있는 목회자가 그 역할을 잘 감당할 수 있다.

하나님은 시대와 역사 속에서 당신의 일, 당신의 나라를 확장해 가신다. 그때마다 하나님께서는 교회와 성도들에게 사명을 주신다. 그 사명은 바로 영적 센스, 곧 영감을 통해 깨닫고, 발견되고, 확장되고, 갱신된다. 만약 목회자가 그 영적 민감함을 잃어버리면 교회와 성도들이 사명과 무관한 삶을 살도록 한다.

하나 됨을 이루라

또한 교회가 사명을 이루기 위해 필요한 것은 바로 교회의 하나 됨이다. 사명을 이룬다는 것은 함께 일하는 것이다. 사역하는 것이다. 그런데 하나 됨이 안 되는데 어떻게 사명을 감당해 나갈 수 있겠는가? 그래서 사명을 이루기 위한 전제 조건은 바로 교회의 하나 됨, 성도들의 하나 됨이다. 에베소서 4장 3절을 보라.

> "평안의 매는 줄로 성령이 하나 되게 하신 것을 힘써 지키라."

교회는 사명을 향해 함께 나아가는 공동체여야 한다. 그런데 교회의 성도들이 먼저 분열하고, 다투고, 분쟁하고, 하나 되지 못한다면 그런 교회가 무슨 사명을 이루고, 어떻게 하나님의 뜻을 성취할 수 있겠는가?

가정도 마찬가지다. 하나님은 교회뿐만 아니라 가정을 통해서도 당신의 뜻, 당신의 사명을 이루기 원하신다. 그런데 하나님의 사명을 이루어야 할 가족 구성원들의 마음이 갈기갈기 찢겨 있어 한마음이 되지 못해 매일 다투고 분열한다면, 하나님의 뜻은 그 가정을 통해 결코 이루어질 수가 없다. 아니, 그 가정은 하나님의 사명을 이루는 시도조차 할 수 없다. 그래서 교회와 가정은 하나님의 사명으로 나아가기 위해 먼저 하나 됨을 이루어야 한다.

목회자와 리더는 하나님의 뜻과 사명을 이루기 위해 아름답고 좋은 문화를 만들어 가야 한다. 공동체의 문화가 잘못되면 그 공동체는 아무 일도 할 수 없는 무능력한 모임이 되고 만다. 그러나 하나님을 중심으로 하나 되고 서로 신뢰할 때, 그 공동체는 하나님의 사역을 감당할 수 있는 강력한 곳이 된다.

나에게는 이런 확신이 있다. 교회는 분열하거나 다투지만 않아도 성장하고 부흥한다는 것이다. 그렇기 때문에 교회는 절대 사소한 일로 다투거나 싸우지 말아야 한다. 우리 교회가 짧은 기간에 해낼 수 없을 것 같았던 건축을 비롯하여 여러 가지 사명을 감당해 내고 앞으로의 사명을 향해 달려갈 수 있는 기반을 마련할 수 있었던 것은 다른 것이 아닌 성령이 하나 되게 하신 그 하나 됨을 붙들고 나아왔기 때문이라 확신한다. 교회는 하나 됨을 지켜 가야 한다. 그것이 사명을 향해 나아가는 교회의 전제 조건이다. 그렇다면 그 하나 됨은 어떻게 지킬 수 있을까?

겸손과 온유와 오래 참음으로 사랑 가운데 행하라

첫째, 모든 일, 모든 사역을 할 때는 겸손, 온유, 오래 참음으

로 사랑 가운데 행해야 한다. 에베소서 4장 2절은 이렇게 말씀
한다.

"모든 겸손과 온유로 하고 오래 참음으로 사랑 가운데서 서
로 용납하고."

우리가 어떤 사역을 하거나 사명을 향해 나아가려고 할 때 열
심히 하는 것, 잘하는 것, 헌신하는 것도 중요하지만, 겸손, 온
유, 오래 참음으로 사랑 가운데서 해야 한다. 그런데 겸손, 온
유, 오래 참음으로 사랑 가운데서 하는 것은 도대체 어떻게 해
야 하는 것일까?

내가 우리 교회에서 제일 존경하고, 좋아하고, 귀하게 여기는
이들은 바로 새벽 기도에 나오는 성도들이다. 달콤한 아침잠
을 포기하고 이른 새벽에 나와서 나라를 위해, 교회를 위해 그
리고 부족한 목회자인 나를 위해 기도한다는 것이 얼마나 귀하
고 아름다운가? 결코 쉽지 않은 일이다. 그런데 내가 목회하면
서 가장 힘들어하고, 또 별로 안 좋아하는 이들도 바로 새벽 기
도에 나오는 성도들 중에 있다. 새벽 기도를 하기는 하는데, 자
기가 새벽 기도에 나온다는 것을 내세우며 새벽 기도에 안 나
오는 이들을 정죄하는 성도를 만나면 정말 부담스럽고 힘들다.
본인이 열심히 하는 것으로 끝내야지, "교회의 직분자가 돼서

새벽 기도도 안 나온다, 목회자들이 기도도 안 한다" 하고 말하고 다니면 되겠는가?

이렇게 새 신자가 아니라 오히려 열심히 하는 성도들이 하나 됨을 깨고 어렵게 해 교회가 사명의 길로 나아가지 못하도록 만드는 경우가 많다. 그것은 모든 일을 겸손과 온유와 오래 참음으로 사랑 가운데서 행하는 것이 아니라, 과시하고, 정죄하며, 인정을 요구하기 때문이다.

교회는 사명을 향해 힘차게 달려가야 한다. 그러나 그 안에 겸손과 온유, 오래 참음과 사랑이 빠져 있으면 사명을 향해 나아가는 길을 놓치게 만든다. 그렇기 때문에 우리는 겸손과 온유, 오래 참음과 사랑으로 헌신하며, 성령이 하나 되게 하신 것을 힘써 지켜야 한다.

부르심을 받은 일에 합당하게 행하라

둘째, 교회는 부르심을 받은 일에 합당하게 행해야 한다. 에베소서 4장 1절에 이런 말씀이 있다.

> "그러므로 주 안에서 갇힌 내가 너희를 권하노니 너희가 부르심을 받은 일에 합당하게 행하여."

교회는 헬라어로 에클레시아(ἐκκλησία)라 하는데, 이는 문자적으로 '불러 모으다'라는 뜻이다. 즉, 하나님이 불러서 모인 사람들의 모임이 교회라는 것이다. 그런데 모인 사람들이 출신도 다르고, 연령도 다르고, 학력도 다르고, 재력도 다르다. 이렇게 다 다른 사람들을 하나님이 한곳에 불러 모으신 것이다. 세상의 어느 단체나 모임에 이렇게 다른 사람들이 모여 있을 수 있는가? 모일 수는 있을 것이다. 하지만 이렇게 다른 사람들이 한 하나님의 사명과 나라를 이루기 위해 모인 것이 바로 진정한 교회다. 이런 기적 같고 놀라운 일을 감당하기 위해 교회는 어떻게 해야 하는가? 예수 그리스도의 이름으로 모인 한 사람, 한 사람이 부르심을 받은 일에 합당하게 행해야만 한다.

에베소서 4장 7절은 또 이렇게 말씀한다.

"우리 각 사람에게 그리스도의 선물의 분량대로 은혜를 주셨나니."

하나님께서 다 다른 사람을 교회로 부르셨는데, 그 사람들에게는 각각 하나님의 선물로 주신 은혜가 있다는 것이다. 각 분량대로 부르심에 합당하게 행하고 그것이 아름다운 조화와 하나 됨을 이룰 때, 교회를 통해 하나님의 놀라운 역사가 이루어지고, 하나님의 사명이 성취된다.

우리 교회는 1만 2천 평의 부지를 글로리파크로, 건물을 글로리센터로 명명했다. 글로리파크에는 지역 주민들이 운동할 수 있는 산책로를 만들고, 골고다 언덕에 세 개의 십자가를 세워서 예수님의 죽으심과 부활하심을 묵상할 수 있도록 만들었다. 또한 그 길에 있는 소성전, 파밀리아채플에 들러 기도하고, 옛날에 교회마다 종을 쳤던 문화를 기억하며 예쁜 종을 세워 칠 수 있도록 했다.

그런데 이 부지를 관리하는 것이 쉽지 않다. 나는 서울에서 자라서 잘 몰랐다. 나무는 그냥 세워 두기만 하면 자라는 줄 알았다. 그런데 가지치기도 해야 하고, 잡초도 신경 써서 뽑아 주지 않으면 금방 무성하게 자랐다. 게다가 계절마다 꽃도 심고, 크리스마스 때는 부지 전체를 환한 빛으로 채우곤 하는데, 이 모든 것이 일이다. 그런데 감사한 것은, 성도 모두가 자기에게 맡겨진 분량대로 어떤 성도는 가지치기, 어떤 성도는 풀 뽑기, 어떤 성도는 꽃 심기, 어떤 성도는 환경 관리를 각자의 자리에서 겸손하게 감당하기에, 이 부지가 지역 주민들이 와서 산책도 하고, 묵상도 하고, 기도도 하는 공간으로 잘 이용되고 있다.

또한 글로리센터는 요즘 우리 성도들보다 지역 주민과 아이들이 더 많이 이용한다. 그로 인해 부담되는 관리 비용이 감당하기 어려울 정도다. 그런데 우리 교회는 화장실과 메인 공간 외에는 성도들이 각 부서의 공간을 직접 책임지고 관리한다. 덕분에 지역 주민과 다음 세대를 섬길 수 있는 여건과 기반을 마련할 수 있었다.

우리를 부르신 분은 한 분, 예수 그리스도시지만, 각자가 받은 부르심의 분량과 은사는 다 다르다. 그러나 성도 한 사람, 한 사람이 부르심을 받은 일에 합당하게 행할 때, 모든 것이 합력하여 선을 이루며 교회 공동체에 주신 사명을 성취하는 길로 나아가게 되는 것이다.

교회의 일은 각자의 분량대로 해야 한다. 하나님이 주신 선물대로 섬기며, 우리를 부르신 부르심에 합당하게 행하면 된다. 누구는 시간으로, 누구는 몸으로, 누구는 물질로 행하되, 거기에 스스로를 내세우거나 자신의 의를 주장하지 않고 겸손과 온유로 행할 때 교회에게 주신 사명이 성취됨을 놀랍도록 경험하게 될 것이다. 우리 모두 부르심에 합당하게 행하자. 우리에게 주신 하나님의 선물대로 헌신하며 섬기자. 그것이 바로 교회의 사명을 이루는 전제 조건이다.

8.
주께서 새로우시니
내일도 새롭게

기독교 역사를 보면 하나님께서 시대마다 쓰시는 교회가 있다. 하나님 나라는 교회를 통해 확장되고, 하나님은 교회를 통해 그 일을 이루어 가신다. 그렇다면 어떤 교회가 하나님이 그 시대에 쓰시는 교회일까? 하나님께서 쓰시는 교회가 되기 위해서는 어떻게 해야 할까?

　교회의 머리는 바로 예수 그리스도시다. 교회의 머리가 예수 그리스도라는 말은, 교회는 예수님을 따라야 한다는 것이다. 말로만 예수 그리스도가 머리라고 외치는 것이 아니라, 교회의 모습에서 예수 그리스도의 삶의 모습이 나타나야 한다. 그것이 진짜 예수 그리스도가 머리 되신 교회고, 그럴 때 하나님이 그 교회를 사용하신다. 그렇다면 예수님께서 머리 되신 교회는 구체적으로 어떤 모습인가?

사람들을 찾아가는 교회가 되라

첫째, 예수 그리스도가 머리 되신 교회는 사람들이 오기만을 기다리는 교회가 아니라, 사람들을 찾아가는 교회여야 한다. 빌립보서 2장 6-7절은 이렇게 말씀한다.

> "그는 근본 하나님의 본체시나 하나님과 동등됨을 취할 것
> 으로 여기지 아니하시고 오히려 자기를 비워 종의 형체를
> 가지사 사람들과 같이 되셨고."

이는 성육신에 대한 말씀이다. 성육신을 간단히 말하면, 하나님이 인간이 되신 것이다. 하나님께서 직접 인간의 몸으로 인간인 우리를 찾아오신 것이다. 왜인가? 우리를 살리기 위해, 우리를 건지기 위해, 우리를 구원하기 위해 오신 것이다. 이것이 바로 기독교의 신비요, 이것이 예수님께서 우리를 구원하신 방법이다.

예수님은 우리에게, "내가 옳으니까, 너희는 내가 하라는 대로 해! 알아서 듣고, 알아서 따라와!"라고 하지 않으셨다. 오히려 예수님은 지지리 말도 안 듣는 우리에게 직접 찾아와 친구가 되어 주셨고, 우리를 이해하셨고, 우리를 품으셨고, 우리를 구원하셨다. 예수님이 그런 모습으로 우리를 사랑하셨다면,

예수 그리스도가 머리 되신 교회도 그런 모습이어야 한다.

교회는 세상을 변화시킬 책임이 있다. 사람들을 구원해야 할 의무가 있다. 교회가 맞고 옳다며 이해하지도 못하는 그들에게 "알아서 따라와! 내 말 들어!"라고 강요하기보다는 그들의 아픔 속으로, 그들이 이해하지 못하는 이유 속으로, 그들의 어려움 속으로 들어가야 한다. 교회가 세상 속으로 들어가서 그들을 하나님께로 인도해야 한다. "우리가 옳고 맞으니 바뀌고 싶으면 너희들이 바뀌! 오고 싶으면 너희들이 와!"라는 태도로는 세상을 바꾸는 것이 아니라, 오히려 세상에서 고립될 것이다.

'세상 속으로 들어가야 한다.' '그들을 찾아가야 한다.' 이 말은 교회를 떠나 세상에 들어가라는 말이 아니다. 한 예로, 교회를 한 번도 안 다닌 사람이 처음으로 교회에 왔다. 예배를 드리는데 뭐가 뭔지 하나도 이해가 안 된다. 교인들끼리만 이해하는 용어를 쓰고, 교인들만 하기 쉬운 행동을 한다.

내가 우리 교회에 처음 왔을 때였다. 예배드리는 중에 새가족 환영을 위해 새가족의 이름을 불러 그 자리에서 일으켰다. 그러면서 노래를 불러 주었다. "주의 사랑으로 사랑합니다. 주의 사랑으로 사랑합니다." 이 노래를 부르면서 새가족의 얼굴을 봤는데, 얼굴이 새빨개진 채 고개를 푹 숙이고 있는 것이 너무 안쓰러웠다. 이러한 상황이 교인들에게는 자연스러운 것이지만, 새 신자에게는 불편할 수 있다. 그런데 우리는 우리 입장에서만 모든 것을 하려고 한다.

한국 기독교가 짧은 기간 동안 엄청난 성장을 이룬 이유는 다름이 아니라 초기 선교사들과 목회자들이 세상 안으로 들어갔기 때문이다. 그들을 찾아갔기 때문이다. 어려운 이들, 아파하는 이들, 힘들어하는 이들, 교육이 필요한 이들을 찾아가 그들의 필요를 채우고 복음을 전했기에 한국 교회가 이렇게 성장할 수 있었다.

그런데 나는 요즘 한국 교회가 세상 속에서 점점 고립되어 간다는 생각이 든다. 자꾸 우리만의 리그를 만들어 우리만 만족하고, 우리만 좋아하고, 우리만 편한 교회를 만들고 있다. 그런 교회는 이 시대에 하나님이 쓰시는 교회가 결코 될 수 없다.

교회는 세상 속으로 들어가야 한다. 세상의 중심에 들어가 그들의 마음을 살피고, 그들의 필요를 채우고, 그들을 교회로 이끌어 복음으로 변화시켜야 한다. 그것이 바로 예수 그리스도를 따라가는 모습이다. 예수님께서는 인간의 모습으로 내려와 인간의 필요를 보셨다. 인간의 배고픔, 인간의 아픔을 보셨고, 그들과 함께 울며 그들과 함께 기뻐하셨고, 결국 십자가 대속으로 인간을 구원하셨다. 우리도 그런 모습으로 세상 속으로 들어가야 한다. 그들을 찾아가야 한다.

우리 교회가 건축하면서 현 위치로 이전한 이유 중 하나는 이 시대의 젊은이들을 찾아가기 위함이었다. 우리 교회 근방 1킬로미터 안에는 명지대학교와 용인대학교가 있다. 이렇게 젊은 이들에게 가까운 곳으로 왔으니, 우리는 당연히 그들에게 가서 그들의 필요를 봐야 한다. 그리고 그들을 교회로 인도해서 그들의 영적인 변화를 이끌어 내야 한다.

이 시대를 이끄는 교회가 되기 위해 우리는 자기만 옳다고 말하고, 자기 말만 무조건 따라오라는 고립된 교회가 되어서는 안 된다. 더 세상 속으로 들어가 그들을 만나고, 그들을 이해하고, 그들의 언어로 그들에게 다가가야 한다. 그래서 그들의 아픔, 외로움, 문제, 필요를 보고 거기에 응답하는 교회가 되어야 한다. 그럴 때 우리는 예수님을 따라갈 뿐만 아니라, 이 시대 가운데 하나님이 쓰시는 교회가 될 것이다.

섬기는 교회가 되라

둘째, 예수님의 모습을 나타내는 교회가 되기 위해서는 군림하는 교회가 아니라 섬기는 교회가 되어야 한다. 빌립보서 2장 7-8절에는 이렇게 기록되어 있다.

"오히려 자기를 비워 종의 형체를 가지사 사람들과 같이 되셨고 사람의 모양으로 나타나사 자기를 낮추시고 죽기까지 복종하셨으니 곧 십자가에 죽으심이라."

예수님은 종의 형체를 가지셨다. 종은 서번트(servant), 곧 섬기는 자다. 예수님은 하늘나라의 하나님 보좌 우편에서 군림하며 앉아 계실 수 있는 분이다. 그런데 예수님은 그 자리를 박차고 내려와 종이 되셨다. 낮아지셨다. 섬기셨다. 예수님은 섬길 분이 아니시다. 대접 받으실 분이다. 그런데 예수님은 섬기셨다. 왜인가? 우리를 구원하기 위해, 우리를 살리기 위해 섬김의 자리로 오신 것이다.

예수님이 머리 되신 교회의 모습도 당연히 이와 같아야 한다. 교회는 군림하는 곳이 되어서는 안 된다. 교회는 섬기는 곳이 되어야 한다. 교회가 섬기는 곳이 되어야 한다는 것은 성도 한 사람, 한 사람이 섬김의 자리에 서야 한다는 것이다.

나는 성경에 나오는 교회의 이름에 의미가 있다고 생각한다. 빌립보, 라오디게아, 고린도는 아마도 그 지역에 있어 그렇게 불렸을 것이다. 이름에 지명이 들어가든 아니든 교회의 이름은 기본적으로 지역을 포함하고 있다. 그 의미는, 교회는 그 지역에 있으며 그곳을 섬기고 책임져야 한다는 것이다.

이슬람 국가에 가 보면 동네마다 사원들이 있는 것을 볼 수 있다. 막상 보면 별거 없는 건물이지만 수많은 사람이 평일에도 오는 곳이다. 동네마다 있는 사원은 그 동네의 약속 장소요,

교육의 장소요, 문화의 장소로 쓰인다. 즉, 사원이 그 지역의 중심 역할을 하는 것이다.

한국에도 지역마다 수많은 교회가 있다. 그러나 교회가 그 지역의 문화, 교육, 삶의 중심인 경우는 드물다. 우리 교회는 용인 시청 앞에 있다. 시청 앞으로 이전한 이유도 여기에 있다. 나는 우리 교회를 용인의 영성, 문화, 교육, 삶의 중심지로 만들고 싶었다. 더욱더 지역을 섬기는 교회로 서고 싶었다. 많은 사람이 '용인제일교회'라는 이름이 트렌드와 맞지 않다며 입당하면서 이름을 바꾸자는 제안을 했다. 그러나 나는 이 이름이 좋았다. 나는 우리 교회가 용인을 제일로 섬기는 교회가 되기를 바란다.

건축할 때 대출 문제로 은행 지점장을 만났다. 교회 공간을 지역 주민과 함께 사용하겠다는 비전을 나눴는데, 지점장이 내게 이렇게 말했다. "아니, 왜 나라에서 하는 일을 교회에서 돈을 들여서 합니까? 그거 쓸데없는 짓 아닙니까?" 이것은 그가 뭘 몰라서 하는 말이다. 이웃을 사랑하고 섬기는 것이 바로 교회의 일이다. 교회는 반드시 그런 일을 해야 한다.

우리 교회의 모든 공간은 주민들과 함께 공유하고 있다. 우리 교회 식당은 단순히 밥 먹는 곳이 아니라 돌잔치, 회갑연, 칠순, 팔순 잔치 등을 다 할 수 있는 공간으로 마련했다. 우리 교회 소성전인 파밀리아채플은 결혼 예식을 할 수 있는 공간이다. 요즘은 웨딩 업체에서 소문을 많이 내 줘서 우리 교회 성도들보다 외부인들이 더 많이 결혼식 장소로 사용한다. 봄, 가을에는 예식 시간을 잡을 수 없을 정도다.

왜 교회를 이렇게 지었느냐고 묻는 사람들에게는 어떻게든 지역을 섬기기 위한 노력이라고 이야기한다. 지역 주민들이 교회 공간에 와서 교회의 문화를 접하며 교회 마당을 밟게 된다면, 그들의 교회에 대한 마음이 열리게 되어 복음을 더 쉽게 받아들이지 않겠는가? 왜 안 믿는 사람들이 교회가 교회를 짓겠다는데 부정적으로 생각하며 자기 주변에 교회가 들어서는 것을 싫어할까? 간단하다. 돈을 많이 들여서 교회를 짓는데, 자기들에게 혜택은커녕 피해만 주고, 성도들만 끼리끼리 모이는 공간으로 생각하기 때문이다.

건축을 하면서 이런 바람이 있었다. 예수 안 믿는 사람들, 용인 지역 사람들에게서 "이런 교회라면 나는 교회 많이 지으라고 말하고 싶다. 이런 교회라면 나도 교회에 다녀 보고 싶다"라는 말이 나오는 교회를 꼭 짓고 싶었다. 그런 말을 듣는 교회를 건축하고 싶었다. "무조건 믿어라! 무조건 따라와라!"가 아니다. 우리의 섬김을 통해 그들의 마음이 조금이나마 열리면, 그것이 바로 복음을 위한 일인 것이다. 예수님이 우리를 그리고 세상을 섬기려 이 땅에 오신 것처럼, 교회도 우리 이웃들을 섬겨야 한다. 그런 교회가 예수님이 머리 되신 교회다.

미래를 내다보는 교회가 되라

마지막으로 셋째, 예수님이 머리 되신 교회는 과거에 안주하지 않고 미래를 내다보는 교회다. 빌립보서 2장 9-11절에는 이렇게 기록되어 있다.

"이러므로 하나님이 그를 지극히 높여 모든 이름 위에 뛰어난 이름을 주사 하늘에 있는 자들과 땅에 있는 자들과 땅 아래에 있는 자들로 모든 무릎을 예수의 이름에 꿇게 하시고 모든 입으로 예수 그리스도를 주라 시인하여 하나님 아버지께 영광을 돌리게 하셨느니라."

하나님께서 예수님을 이 세상 모든 것의 주(Lord), 곧 리더로 세우시겠다는 말씀이다. 예수님이 이 세상의 주인이시라면, 교회는 세상을 이끌어가는 리더의 역할을 해야 한다. 리더는 아무나 하는 것이 아니다. 팔로워(Follower), 즉 따라가는 사람은 주어진 일만 열심히 하면 되지만, 리더는 눈앞에 있는 것만 열심히 하는 것이 아니라 미래를 볼 줄 알아야 한다. 미래를 준비해야 한다.

나는 교회를 완공할 때까지는 하나님께서 왜 이렇게까지 하게 하시는지 명확하게 알지 못했다. 그러나 건축 후 들리는 여러 뉴스를 통해 하나님이 이곳에 많은 사람을 보내어 복음으로 인도할 장소가 필요하셨음을 깨달았다. 하나님은 우리 교회를 통해 용인의 미래를 준비하고 계셨던 것이다. 모든 교회에는 10년, 20년, 아니, 더 긴 미래에 감당해야 할 시대적 사명이 있다. 그 사명을 잘 분별하고 깨달아 준비하는 교회가 시대적 사명을 감당하는 교회요, 예수님이 머리 되신 교회다.

만날 과거만 자랑하면서, "아, 우리 교회도 이럴 때가 있었지", "왕년에 우리 교회에도 엄청 모였었는데", "왕년에 나도 뜨거울 때가 있었는데" 하며 왕년만을 이야기하는 교회가 아니라, 미래를 내다보는 교회가 되어야 한다. 그런 교회가 시대를 이끌고, 그런 교회가 시대를 열 수 있다. 무엇보다 그런 교회가 예수님이 머리 되신 교회다.

나는 한국의 모든 교회가 예수님이 머리 되신 교회, 예수님을 닮은 교회가 되기를 소망한다. 세상 사람들이 오기만을 기다리는 교회가 아니라 그들을 찾아가는 교회, 군림하는 교회가 아니라 섬기는 교회, 과거에 안주하는 교회가 아니라 미래를 준비하는 교회, 그런 교회가 예수님이 머리 되신 교회고, 그 교회를 통해 하나님은 당신의 나라의 일을 이루실 것이다.